Gottesdienstpraxis

Seria A:
Arbeitshilfen für die Gottesdienste zu den Sonn- und Feiertagen des Kirchenjahres

Herausgegeben von Erhard Domay
und Horst Nitschke

Gütersloher Verlagshaus Gerd Mohn

Gottesdienstpraxis

5. Perikopenreihe

Band 1: 1. Sonntag im Advent bis Palmarum

Gütersloher Verlagshaus Gerd Mohn

CIP-Titelaufnahme der Deutschen Bibliothek

Gottesdienstpraxis / hrsg. von Erhard Domay u. Horst Nitschke. –
Gütersloh : Gütersloher Verl.-Haus Mohn.
Ser. A, Arbeitshilfen für die Gottesdienste zu den Sonn- und Feiertagen des Kirchenjahres.
Perikopenreihe 5.
NE: Domay, Erhard [Hrsg.]

Bd. 1. 1. Sonntag im Advent bis Palmarum. – 1988
ISBN 3-579-02816-2

ISBN 3-579-02816-2

Satz: Satz-Service-Berkemeier, Gütersloh
Druck und Bindung: Ebner Ulm
Umschlagentwurf: Franz Wöllzenmüller, Oberhaching
Printed in Germany

Inhalt

1. Sonntag im Advent

Predigttext: Lukas 1,67–79
Beate Stierle

Theologische und homiletische Entscheidungen

Der Text gibt vielerlei Probleme auf, die nicht alle eindeutig zu lösen sind. Ich stelle hier alle traditions- und textkritischen Erwägungen zurück, die die ursprüngliche Zuordnung und Entstehung des Textes, sei es im späten Judentum, in speziellen Täuferkreisen oder im Judenchristentum, plausibel machen wollen, weil mir der homiletische Ertrag dieser Überlegungen nicht griffig erscheint. Ich gehe vom vorliegenden Text aus, so, wie ihn Lk. dem Zacharias in den Mund gelegt hat und wie er in den Zyklus der Geburtsgeschichten von Johannes und Jesus eingebettet erscheint. Hier ist die Verbindung von Johannes dem Täufer und Jesus von Nazareth bereits selbstverständlich. Hier wird auch vorausgesetzt, daß Jesus, nicht Johannes der verheißene Messias ist, dem Johannes, wie Lk. ausführt, durch sein prophetisches Auftreten und seine Leidensgeschichte jedoch sehr nahe steht.

Große Ereignisse werfen ihre Schatten voraus. Visionen sind es, die dem ehemals stummen Zacharias in den Mund gelegt sind. Das Lied, das Zacharias singt, enthält zwei Teile mit unterschiedlichem Stil und unterschiedlichen Akzenten.

Der erste Teil des Liedes (Verse 68–75), dessen Logik nicht leicht zu verstehen ist, erzählt vom Heil, das in dem Haus Davids ›auferstanden‹ ist. Ein Messias ist erschienen, der eine politische und sozialpsychologische Befreiung bewirkt (Vers 71: Befreiung als Befreiung von Feinden und Hassern, die in Vers 74 mit der Befreiung von Furcht einhergeht). Das Heil besteht in der Überwindung einer äußeren und einer inneren Bedrohung. Jetzt ist einer ›aufgestanden‹, jetzt »besucht« Gott sein Volk. Dies bewirkt, daß ›Gottesdienst‹ möglich wird, bei dem Geistliches und Politisches miteinander verbunden sind, denn er besteht in ›Heiligkeit und Gerechtigkeit‹, Wörter, die sowohl die Gottesbeziehung als auch die Beziehung der Menschen untereinander ansprechen.

Das Heil wird in diesem ersten Teil als von weither kommend und weithin reichend bezeichnet. Es ist nicht neu. Es war schon lange vorher angezeigt: Eine königlich-messianische Linie geht weiter. Propheten haben davon geredet. Ja, bereits die Verheißung an die Väter, der Bund mit Abraham haben als Zielpunkt das Heil, das jetzt geschehen ist, im Blick gehabt. Das Heil reicht zugleich über den jetzigen Zeitpunkt weit hinaus. ›All unsere Tage‹, so verstehe ich es, meint die Zukunft aller kommenden Generationen.

Der zweite Teil des Liedes (Verse 76–79) redet anders, auch wenn er chiastisch Begriffe des ersten Teils aufnimmt. Die Begrifflichkeit ist stärker symbolisch geprägt (Metapher Licht – Finsternis; Lebens- und Todessymbolik; das Bild vom Weg). Jetzt geht es konkret um das neugeborene Kind Johannes, das als Prophet ›vor

dem Herrn‹ hergehen wird, d.h. im Kontext von Lk. 1–2: das dem neugeborenen Messias Jesus den Weg bereiten soll. Dieser bereitete Weg wird mit einer Vielzahl von Vokabeln beschrieben: Er besteht in einer Verbreitung von Heilserkenntnis unter dem Volk. Er besteht in der Sündenvergebung bei den Menschen. Der Weg wird für die Menschen begehbar, indem der erbarmende Gott selber kommt, der wie ein Licht aus der Höhe Finsternis und Todesschatten durchdringt und die Menschen dazu bewegt, ihre Füße auf seinen Weg des Friedens zu richten.
Die Predigt wird nicht alle Akzente des Textes aufnehmen können. Mir ist der *Kontext* wichtig: Ein ehedem stummer Mensch hat die Sprache wiedergefunden. Er greift auf alte Verheißungen zurück und sieht im Lichte der Erscheinung Gottes eine Vision.
Von den verwendeten Vokabeln ist mir das Wort *›Heimsuchung‹*, das chiastisch in Vers 68 und 78 auftaucht, besonders wichtig. »Wörtlich heißt es, daß Gott seine Augen auf jemanden richtet, so daß sich seine allen geltende Gegenwart ihm besonders zuwendet und ihn für einen besonderen Weg bestimmt« (E. Schweizer, in NTD 3, 1982, S. 28). Mit diesem Wort wird ein weiter politisch-sozialer und religiöser Horizont aufgerissen. Konkrete, Gott-feindliche Mächte werden überwunden, die Leben beeinträchtigt und Angst erzeugt haben. In der Zielrichtung werde ich Vers 75 und 79b zusammenziehen: Indem Gott kommt und die Augen auf uns richtet, wird Frieden, Schalom, Gerechtigkeit, Heiligkeit; wird *für das einzelne Leben* ein Ziel und *für alle* ein von Gottes Willen bestimmter ungestörter Gottesdienst möglich gemacht.
Mit ist wichtig, wie in dem Lied die individuelle Lebensgeschichte eines alten Menschen, des Zacharias, und seines kleines Sohnes Johannes mit der Geschichte des Volkes und der Geschichte Gottes verknüpft wird. Zacharias begreift: Gott sieht mich an, er kommt zu mir. Freilich: er sieht mich, indem er gleichzeitig sein Volk im Auge hat. Er kommt, indem er auch zu seinem Volk kommt. Ich möchte dies dem Zacharias nachsprechen lernen. Ich möchte begreifen lernen wie er: Wenn dies alles geschieht, dann werden stumme Menschen reden und Träume haben; dann werden sich unser aller Füße auf den Weg des Friedens richten.

Zur Liturgie

Die Liturgie soll einstimmen in den 1. Advent. Deshalb lasse ich die *Lieder* Nr. 6, 7, 10 und 14 singen.
Wo es möglich ist, die karge Adventsliturgie auszuschmücken, könnte folgende Psalmodie eingefügt werden:

PSALM 100 (A)

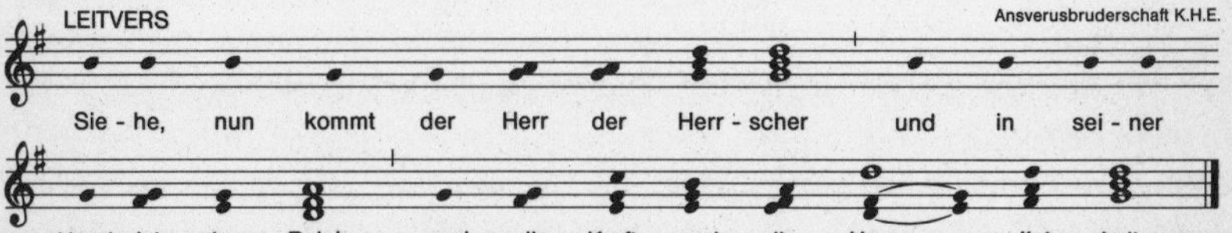

Psalm

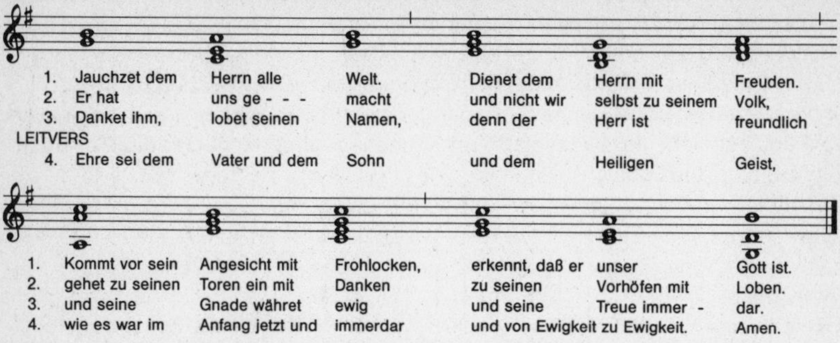

Gebete

1) Komm, Herr!
Komm in unsere dunkle Welt!
Laß uns begreifen,
daß dein Kommen diese Welt verändern kann.
Gib uns Worte, Herr,
mit denen wir dein Kommen fassen;
Worte, mit denen wir von deinem Kommen weitererzählen können.

2) Herr, was wären wir, wenn wir nicht reden könnten,
wenn wir nicht aufeinander hören und uns verstehen könnten!
Wir wären einsam und fremd voreinander.
Wir wären verlassen ganz und gar.

Aber du hast uns Worte gegeben.
Damit wir ausdrücken können, was uns bewegt
an Freude und Angst,
an Befürchtungen und Hoffnungen.
Du hast uns die Sprache gegeben,
mit der wir uns und die Welt begreifen können
und auch die Geschichte,
die du mit der Welt begonnen hast
und weiterführst.
Herr, wir danken dir
für die Sprache, die du uns gibst!

Herr, wir denken an diesem ersten Advent an all die Menschen,
die nicht reden können,
deren Mund stumm ist,
– weil sie die Möglichkeit zum Sprechen durch Krankheit verloren haben;

– oder weil sie so sehr verzweifelt und traurig sind,
  daß sie ihren Mund verschließen müssen
  oder keine Kraft mehr haben zum Reden;
– oder den Mut nicht aufbringen, die nötigen Worte zu sagen ...

Wir denken auch an all die,
die nicht mehr reden,
weil sie meinen, daß ihnen doch keiner zuhört
oder keiner da ist, der sie versteht.

Herr, löse in diesem Advent
die Bande der Einsamkeit und Sprachlosigkeit unter uns!

Befreie uns Menschen zum Gespräch miteinander
und zum Verständnis füreinander.
Laß uns Lasten und Beschwernisse einander mitteilen
und so miteinander teilen.
Laß uns deinen Weg des Friedens gehen.

Zur Predigt

Möglicher Anfang

Vielleicht haben es Männer schwerer als Frauen, sich auf ein neues Leben einzustellen. Vielleicht fällt es Männern auch schwerer, Worte dafür zu finden und Visionen für seine Zukunft zu entwickeln. Der alte Zacharias jedenfalls verstummt, als ihm ein Engel die Geburt eines Sohnes ankündigt. Er kann es nicht glauben. Er hält es für so unwahrscheinlich, daß es ihm die Sprache verschlägt. Maria dagegen, die schwanger ist, bricht in lauten Jubel aus. Sie sieht vor sich eine große Vision. Sie sieht sich selber, sie sieht die ganze Welt im Lichte der Hoffnung ihres werdenden Kindes neu. Und auch die schwangere Elisabeth findet große Worte des Lobes und des Bekenntnisses: »Die Mutter *meines Herrn* ist zu mir gekommen«, sagt sie. – Während die Frauen also staunen und ihrer Hoffnung beredten Ausdruck verleihen, ist Zacharias stumm geworden. Die Worte sind ihm ausgegangen. Es kann das, was sich da ankündigt, mit Sprache nicht fassen. Er kann es nicht in Worten und Sätzen einholen. Er kann es nicht benennen. Er hat keine Vision.
Ich denke an Situationen, wo es mir ähnlich ergangen ist wie Zacharias. Ich denke an Situationen, wo es mir die Sprache im buchstäblichen Sinne verschlagen hat und ich nicht mehr reden konnte. Nicht wahr, das kennen wir ja alle: Es gibt Situationen, wo uns etwas so überwältigt, daß uns die Worte ausgehen; daß wir Worte und Sätze nicht mehr finden; daß wir einfach nichts sagen können. Das kann innere und äußere Gründe haben. In manchen *überraschenden* Situationen geht es mir so. Aber auch in man-

chen *schwierigen* Situationen geht es mir so. Ich kann so berührt sein, daß ich Worte nicht mehr finde. Es kann auch sein, daß ich merke, wie andere betroffen oder verletzt sind, und mein Mund verschließt sich, weil ich weiß, daß jetzt nur ein einziges, das *richtige* Wort am Platze ist; und das finde ich nicht.
Ich denke, wir kennen alle solche Situationen, wo uns die Worte ausgegangen sind. Wer es erlebt hat, weiß, was solch ein Verstummen bedeutet; wie sehr es bedrücken kann; wie es gefangen hält. Wir sagen: Es verschließt *mich*. Es verschließt nicht nur meinen Mund. Es verschließt *mich*. Verstummen macht einsam. Es läßt allein zurück.
Ich habe es in manchen Situationen wie eine große Erleichterung erlebt, wenn ich die Sprache dann doch gefunden habe. Und seien es auch nur erste, stammelnde, tastende Worte gewesen, die mir gekommen sind. Es war wie ein Aufatmen, wie ein Aufleben. Mit den Worten finden wir den Anschluß an das Leben, an andere Menschen, an die Welt; wir finden den Anschluß an die vielfältigen Beziehungen und Verflechtungen, die unser Leben tragen, zurück.

Zum weiteren Verlauf

Ich werde hier nacherzählen, was mit Zacharias geschah, der die Sprache nach der Geburt seines Sohnes wiedergefunden hat. Da lag das kleine Kind vor ihm, dem alten Mann; ein neues, zappelndes Leben! Und Zacharias gelingen Worte, die in einem großen Bogen alte Verheißungen und neue Visionen zusammenschließen.
Ich werde versuchen, beide Teile des vorliegenden Liedes zu erschließen, also nachbuchstabieren, wie Zacharias: 1. die heilsgeschichtlichen Erwartungen und Verheißungen für sein Volk in einem umfassenden politischen und sozialpsychologischen Zusammenhang neu begreifen und für seine Situation aktualisieren kann; und wie ihm 2. die Vorausdeutung des individuellen Lebens seines Sohnes gelingt, das er in die große Gottesgeschichte hineingewoben sieht. Im Sinne des Lukas werde ich hier wohl vor allem auf die prophetischen Züge und das Leiden des Johannes hinweisen als das, was ihn Jesus von Nazareth so sehr nahe bringt.
Ich werde dann versuchen, im Licht des Advent ein gleiches für uns heute zu tun und eine möglichst konkrete Vision entwerfen, die 1. mein eigenes Leben im Lichte der Gottesgeschichte zu verstehen sucht. Auch hier sind es vielleicht eher die durchkreuzten Wege und Schwierigkeiten; eher das, was die Liebe und den politischen Einsatz oft so *schwer* macht, die zu benennen sind, die mich mit der Jesusgeschichte verbinden können. Ich werde 2. auch die Möglichkeiten der Christenheit im Lichte der alten Verheißungen und Erwartungen neu durchbuchstabieren und aktualisieren. Ich werde die Gottesdienstbesucher/innen dazu ermutigen, dies auch

selber zu tun. Mich werden bei meiner Deutung die großen gefüllten Worte des Liedes aus Lk. 1 leiten: Heil, die Errettung von bösen Mächten, die Vision eines Gottesdienstes, der in Heiligkeit und Gerechtigkeit besteht. Ich fasse das zusammen unter dem Stichwort der ›Heimsuchung Gottes‹, wobei dies für mich nicht eine Kategorie der Innerlichkeit ist, sondern konkrete politische und soziale Veränderungen und Erneuerungen im Blick hat. Ich werde versuchen, die herrschenden bösen Mächte, die heute Leben gefährden, einengen, verkrüppeln und zerstören, möglichst konkret zu benennen. Es sind dies in meinen Augen die falschen Machtansprüche, die oft mit Gewalt durchgesetzt werden; Habgier und Profitdenken, die nicht darauf achten, wie andere verarmen; Ausbeutungsmechanismen, Mißachtung von menschlichen Bedürfnissen, Unrecht und falsche Friedenssicherung: all das, was so viel individuelles und strukturelles Leiden von Menschen verursacht und oft im Schein des Rechtes einhergeht. Ich werde meinen Protest gegen solche »Mächte« artikulieren. Und ich werden zeigen, wie die Vision von Gerechtigkeit und Frieden, die Vision von einer ungestörten Schöpfung mich und viele andere in Bewegung setzt und in Atem hält und den Weg des Friedens suchen läßt. Wichtig ist mir, wie im Text, daß Geistliches und Politisches, Individuelles und Überindividuelles aufeinander bezogen bleiben.

Möglicher Schluß
Für Zacharias ist mit der Geburt des Kindes klar geworden, daß sein Leben verstrickt ist in die große Geschichte Gottes. Er hat erkannt, daß die Hand Gottes von weither in sein Leben hereinreicht und es trägt und die Geschichte auch mit ihm nicht abreißen wird, sondern weitergeht. Das Reden von dieser Geschichte ist dabei der erste Schritt. Den Weg des Friedens ins Dunkel der Zukunft hinein wagend gehen, auch wenn dies Anfechtung und Leiden bringt, der zweite. Denn Gottes Verheißungen trauen, bedeutet ja auch, wissen, was Gott uns zutraut und was er von uns haben will.
Vielleicht ist für uns noch nicht alles so klar wie für Zacharias. Vielleicht brauchen wir noch etwas Zeit, um die Beziehungspunkte zu sehen, die unser eigenes Leben, das Leben der Welt und die Geschichte Gottes miteinander verbinden. Und doch gibt es diese Beziehungspunkte. Und auch wir sind eingeladen, in den Schalom Gottes einzutreten, ihn weiterzutragen, an ihm mitzuarbeiten. Ja auch in diesem Advent haben wir Grund, unsere Stimme laut werden zu lassen und in das Lob Gottes einzustimmen. Wir müssen nicht stumm bleiben, wir können davon reden, wie Gott sein Reich heraufführen wird. Wir können Visionen ausbreiten. Und wir können auf dem Weg des Friedens weitergehen, der von weither bereitet ist; dem Weg der Gerechtigkeit, die aller Welt gelten soll.

Kontexte

1. Krone
Das Leben
spielt mich
Es hat mir eine Krone geschenkt
ich kaufte dafür
ein Königkreich
aus Worten
Sie regieren
meinen Atem
(Rose Ausländer: Im Atemhaus wohnen 1985, S. 48.)

2. D. Sölle erzählt von einer Begegnung mit Elie Wiesel, der als Jugendlicher das KZ Auschwitz erlebt hat:
Wiesel erzählte uns, wie er mit seinem etwa acht Jahre alten Sohn umgeht. Jeden Abend haben Vater und Sohn eine festgesetzte Stunde zusammen. ... Es gibt ein paar Regeln für diese Zeit. Jeder von beiden darf alles fragen. Jeder von beiden antwortet nach bestem Wissen. Da bittet der Junge den Vater zum Beispiel, von seiner Schulzeit zu erzählen. »Wie war das, als du ein Junge warst?« Er fragt nach den Lehrern, den Schulkameraden. Der Vater erzählt ihm viel. Dann stellt der Junge manchmal Fragen wie: »Wo ist dein Freund jetzt?« Oder: »Lebt der Lehrer noch? Was passierte danach? Steht der Kirschbaum noch im Garten des Onkels?« Und der Vater antwortet nicht. Er spricht nicht. Er schweigt. Und eines Tages stellt der Junge eine merkwürdige Frage an den Vater. Er sagt: »War es davor oder war es danach?« (D. Sölle: Das Fenster der Verwundbarkeit, 1987, S. 272/273).

3. Das fenster der verwundbarkeit
so sagen die militärs
um die aufrüstung zu begründen
muß geschlossen werden

Ein fenster der verwundbarkeit
ist meine haut
ohne feuchtigkeit und ohne berührung
muß ich sterben

Das fenster der verwundbarkeit
wird zugemauert
mein land
kann nicht leben

Wir brauchen licht
um denken zu können
wir brauchen luft
um atmen zu können
wir brauchen ein fenster
zum Himmel
(D. Sölle: Das Fenster der Verwundbarkeit, 1987, Umschlag.)

2. Sonntag im Advent

Predigttext: Jesaja 35,1–10
Claus Altrock

Theologisch-homiletische Skizze
Die Exegese von Peter Welten hat meine eigenen Entdeckungen am Text im wesentlichen bestätigt. Ich folge gern seinen hermeneutischen Konsequenzen. Ich möchte den Text und mich selber einbeziehen in unser Nachdenken über Mensch und Natur im Kontext der heutigen Bedrohung der Welt.
Mein Leitvers ist der Ver 5c – »Gott selbst kommt und hilft euch«. Ich denke, es geht um das endgültige Kommen Gottes. Er ist auf dem Zion bereits da, daß heißt für uns: in der unter Gottes Wort und Verheißung versammelten Gemeinde. Die konkrete Situation, in die unser Text hinein aktualisiert, ist für mich nicht auszumachen. Sie wird freilich von vielen Exegeten und Predigern vorausgesetzt. Ich vermute, daß der Text nicht vor der persischen Zeit anzusetzen ist, und über diese Zeit haben wir schlicht zuwenig konkrete Kenntnisse.
Meine Situation als Prediger ist eine Ausnahmesituation. Ich habe einen Predigtauftrag in einer Stadtrandgemeinde in der Nähe meiner Kasseler Wohnung. Ich predige etwa alle sechs Wochen; ich kenne eigentlich nur die Mitarbeiter und kann auf konkrete Situationen in diesem Wohnbereich der Stadt nicht eingehen. Ich muß also im Predigtvollzug stärker typisieren, als es meinem eigenen Ansatz entspricht.
Dieser Text legt ältere prophetische Traditionen aus. Wahrscheinlich ist mir, daß auch das Motiv des Prozessionsweges, das in Jesaja 40 vorausgesetzt ist, auf eine andere Diaspora-Situation übertragen wird. Auf eine Situation nämlich, wo Glaubende mit Unreinen, d.h. Andersgläubigen, und Toren, d.h. zum praktischen Atheismus Abgefallenen, leben müssen.
Mir persönlich ist wichtig geworden, daß dieser Text vom Ewigkeitssonntag auf den 2. Advent übertragen worden ist. Diese Verschiebung macht mich freier, den universalen Apsekt des Textes aufzugreifen und damit Denk- und Handlungsimpulse zu geben. Diese waren mir in der Kasualgemeinde des Totensonntags bei früheren Versuchen mit dem Text verwehrt geblieben.

Zur Liturgie
Lieder:
EKG 2,1–4+9; 3,1–5; 14
oder: Singe, Christenheit: 602 »Komm, o komm, du Morgenstern«; besonders Vers 3 »...bis dich der Freien Lied ohn Ende preist.«
oder: Singe, Christenheit: 604 Kanon »Er ist die rechte Freudensonn...«

Lesung
Römer 8,18–25 oder das alte Evangelium
Lukas 21,25–33

Eingangspsalm
Psalm 60 (Vers 13 als Rahmenvers, Verse 3–6a+7)

Aufforderung zu Bittruf und Lobpreis
»Ereignisse, die sich überstürzen und uns bedrohen – Tage, die finster erscheinen und Auswege verdunkeln, das raubt uns die Besinnung. Wir suchen Halt und rufen: ...«
»In unruhiger Zeit auf das Kommen Gottes warten, geduldig und tätig darauf vertrauen: Gott entfaltet unser Leben neu und verwandelt die Welt. Das gibt uns Halt. Darum loben wir Dich: ...«

Kollektengebet
Herr Gott, du sendest uns Jesus Christus, deine Verheißungen zu bestätigen und dein Werk an uns und der ganzen Welt zu vollenden. Wir bitten dich: Komm zu uns und hilf uns, daß wir deine messianischen Zeichen erkennen und auf die Vollendung hoffen. Erfülle uns mit Freude und Frieden, daß wir dir entgegenleben. Wir preisen dich, der du mit Christus in der Einheit des Heiligen Geistes regierst in Ewigkeit.

Gebet
Tröstender Gott, wir erfahren so viel über unsere Welt, über kleine und große Zusammenhänge – und können so wenig verändern. Wir werden müde, weil wir uns erfolglos mit den Problemen herumschlagen. Komm, du Menschenfreund, mit deiner Güte und mit deiner Ehrlichkeit. Zeig uns, wen wir in deinem Namen erreichen können: die Erschöpften und die Abgestumpften, daß wir sie ermuntern, daß ihre Augen wieder lachen können; – die Einsamen und Verborgenen, daß sie sich wieder unter Menschen trauen, daß sie nicht aufgeben, sondern am Leben bleiben; – die Ratlosen, die am Ende sind, daß Menschen kommen und sie begleiten, daß sie sich wieder Anfänge zutrauen. – Komm, Gott, tröste uns, deine armselige Gemeinde, auf daß wir wieder trösten können.

Predigt
Einleitung
Liebe Gemeinde! Die Wüste lebt. Ich möcht Sie einladen, mit mir einen Spaziergang zu machen. Wir begleiten in Gedanken eine kleine Gruppe

unserer Gemeinde bei ihrer Israelreise. Morgens haben wir uns in Jerusalem früh aufgemacht und sind mit dem Taxi auf den Ölberg, daß heißt an den Stadtrand gefahren. In den beiden letzten Nächten dieser Dezembertage hat es geregnet. Wir fragen uns: Was können wir wohl sehen, wie wird es draußen sein? Zuerst fällt es mir im Straßengraben auf, dann sehe ich es überall: Die Wüste lebt. Geröllhalden, ja, unbebautes Gelände fängt an zu grünen, fängt an zu blühen. Viele kleine Knospen sprießen, Krokusse in zarten Farben und in verschwenderischer Vielfalt. Land, das ich für unfruchtbar gehalten habe, grünt und blüht. Mein Verstand sagt mir zwar, das hält nicht lange, die Wintersonne wird die Blumen bald verwelken lassen. Aber zurückbleibt für mich ein Denkanstoß: In der Wüste ist pflanzliches Leben möglich und damit auch tierisches, auch menschliches Leben.

Szenenwechsel. An einem anderen Tag fahren wir mit dem Bus durch die Weiten der südlichen Wüste Israels durch den Negeb. Felsen, soweit das Auge reicht, hohe Gebirge, weite Täler – ich erkenne keine Spuren von Leben. Ich erinnere mich, hier südlich des Toten Meeres regnet es sehr selten, vielleicht einmal in zwei Jahren. Heute besuchen wir eine Ruinenstadt: Wir sehen eine Kirche, Wohnhäuser, einen Marktplatz, eine Festung aus der Zeit der Nabathäer. Vielleicht haben hier Menschen vom 2. bis 5. Jahrhundert unserer Zeitrechnung gelebt.

Aber wovon haben die Menschen gelebt? Nach sorgfältiger Beobachtung sehe ich mehr. Die Hügel im Umfeld der Stadt sind terrassiert. Jeweils am tiefsten Punkt der Täler verläuft ein in Bruchstein gefaßter Kanal. Ja, ich sehe Spuren eines ausgeklügelten Bewässerungssystems. Und dann höre ich von genügsamen Pflanzen, die dem Wind der Wüste und der Hitze widerstehen können, und ich fange an zu verstehen, daß Menschen sehr früh gelernt haben, die Wüste zu kultivieren, jeden Tautropfen und jeden Regenguß zu nutzen.

Und ich überlege, was mag es wohl heißen, wenn unser Text sagt: »Die Wüste kann blühen und frohlocken, und in der Wüste schauen Menschen Spuren der Herrlichkeit Gottes«. Unser Text aus der Spätzeit der jüdischen Prophetie redet ja Menschen an, die die subtropische Fülle der Landschaft am Karmel kennen. Unser Text verspricht ihnen: Ihr werdet erleben, wie die Wüste lebt.

Meine Erfahrungen reichen nicht aus, die Fülle der Ankündigungen unseres Textes aufzugreifen. Er spricht von einer grundlegenden Verwandlung von Natur und Mensch. Hören Sie bitte einmal genauer. Die Wüste wird Lebensraum, denn Quellen und Bäche brechen hervor; der glühende Sand wird zum Teich. Dort wo die Schakale, d.h. die Wüstenhunde, lagerten und Beute machten, wachsen pflanzliche Kulturen: Reis, Grünfutter, Schilf. Im gleichen Atemzug wandelt sich das Leben der Menschen:

Blinde sehen, Taube hören, Lahme können sich frei bewegen, Stumme sprechen und singen. Das heißt doch, lebenslang Kranke, Behinderte, von körperlichen und seelischen Qualen gezeichnete Menschen werden froh und gesund. Sie sehen an sich und in der verwandelten Welt die Herrlichkeit Gottes, die Pracht unseres Gottes. Sie fangen an, die Zusage dieses Propheten zu verstehen: Er selbst, Gott, kommt und hilft uns.
Nun, wer seine Bibel ein wenig kennt, erinnert sich jetzt vielleicht an Stellen aus dem Evangelium. Oft wird ja in dieser Zeit gelesen und ausgelegt, wie das Matthäusevangelium die Freude vermittelt: In dem Handeln, d.h. dem messianischen Handeln Jesu erfüllen sich Verheißungen der Propheten – Jesaja, Jeremia. Lahme springen, Stumme reden usw. Ja, Jesus hat mit dem Finger Gottes Dämonen vertrieben, er hat Kranken geholfen und Rechtlosen. Dabei hat er seine Vollmacht gezeigt. Er hat die Heilsbotschaft verkündet. Ist in ihm nicht die Herrlichkeit Gottes wirksam geworden und in der Verklärung dann auch seinen engsten Freunden leiblich erfahrbar?
Da, liebe Gemeinde, fangen meine Fragen an diesem Text erst richtig an. In Jesus ist für mich erkennbar, daß eine Wirkung der Gegenwart Gottes greift, denn Jesus hat dem Leid und der Krankheit den Kampf angesagt, damit Menschen die Befreiung an Leib und Seele zeichenhaft, d.h. im Vorgriff, erfahren können, daß sie sich als Befreite des Herrn entdecken können. Was aber ist mit der anderen Seite dieser Verheißung, was ist mit der Schöpfung, mit Pflanzen und Tieren? Wann hört das auf, daß ein Lebewesen des anderen Schakal – wir sagen gerne: Wolf – des anderen Schakal ist? Wann lernen die Menschen überall, auch in den Steppengebieten dieser Erde, zu leben? Wann hören die Menschen auf, das Leben zu zerstören, indem sie durch falsche Anbaumethoden die Erosion, also das Unfruchtbarwerden ihres Kulturlandes zulassen? Wann hören die Menschen auf, in den Ozonhaushalt unserer Erde zerstörerisch einzugreifen? Noch wachsen mit der Weltbevölkerung die Wüsten täglich.
Ich frage mich. spricht dieses Verheißungswort umfassender von dem Handeln Gottes, daß das Seufzen der Kreatur, d.h. allen Lebens, in Jubel, Freude und Dank verwandelt wird? Begegnet uns hier eine Verheißung Gottes, die noch unerfüllt ist, von der Glaubende auf ihrem Weg mit Gott jeweils nur einzelne Gesichtspunkte entdecken und verstehen können? Könnte es sein, daß wir im Draufzugehen im Alltag neu und tiefer glauben lernen? Begegne ich hier einer Grundaussage meines Glaubens, die zugleich die Zukunft Gottes mit der Welt erschließt und mich zu einzelnen Schritten auf dem Wege des Glaubens ermutigt?

Argumentiver Teil
Hören wir doch einmal ein paar der Argumente, die in uns und um uns wirksam sind. Da kennen wir Menschen in unserer Gemeinde, die fügen

diese und andere Zusagen des Propheten zu einem Bild zusammen und versuchen, sich vorzustellen, wie Gott kommt zur Vollendung seiner Welt. Da widersprechen ihnen andere und sagen, eure Bilder sind geprägt von den gesellschaftlichen Rahmenbedingungen eures Lebens in einem reichen Land am Ende des 20. Jahrhunderts; eure Bilder greifen nicht, ihr müßt sie überdenken.
Da betonen die einen den Grundton solcher Texte und sagen, Gott kommt, Gott verwandelt, Gott bahnt einen Weg in der Wüste, unser Gott gestaltet und bestimmt unser Leben bis in alle Einzelheiten. Sind nicht Krankheiten auch gesellschaftliche Katastrophen, ja das Zerbrechen ganzer Kulturen sein Werk? Sind sie vielleicht sogar Gestalten seiner Bestrafung des Menschengeschlechtes – unser Text schreibt Gott ja Rache und Vergeltung zu – ? Da sind die anderen, die die Verantwortung des Menschen betonen. Gott hat uns in sein Schöpferhandeln verantwortlich einbezogen. Wir sind für die Kranken verantwortlich, wir können die Ursachen des Krankwerdens in dieser Zeit bearbeiten. Wir sind für die Ernährungsgrundlage der Menschen verantwortlich, wir wirken mit vielen Einzelentscheidungen im täglichen Lebensvollzug darauf ein, ob die Erde und ihre Biosphäre wohnlicher wird, ob unsere Kinder Grund zu einer positiven Lebenserwartung haben oder doch in einer nach-atomaren Wüste leben müssen.
Da sind die einen, die möchten gern jeden Schritt ihres Lebens am Wort, am Beispiel, am Geist Jesu prüfen, und sie hoffen, mit ihrem Leben so nah bei Jesus zu sein, daß von ihrer leiblichen Existenz einmal der Glanz Gottes, d.h. Ermutigung, ausgeht, wirklich alles von seiner Zukunft zu erwarten. Da sind andere, die nehmen ihr Leben mutig, manchmal trotzig in ihre Hände und sehnen sich doch ganz innig danach, daß Gott sie gewinnt, ihre Seele durchdringt und ihnen einen bleibenden Halt schenkt.

Schluß

Liebe Gemeinde, wenn ich ehrlich mit mir selber bin, dann finden viele Argumente in mir Widerhall und arbeiten in mir auch gegeneinander. Darum bete ich zu Gott, daß er mir ein tiefes Vertrauen zu ihm und klarere Gedanken schenkt.
Wenn ich aber den Text einmal im ganzen lese, dann bleibt mir gewiß eine Zusage: Gott selbst kommt und hilft mir. Ich kann die Welt nicht wirklich ändern, ich kann nicht einmal einen Schwerkranken froh und lebenstüchtig machen. Aber mir bleibt viel zu tun, und damit kann ich heute anfangen. Ich denke, darauf können sich auch andere von uns einlassen.
»Festigt die wankenden Kniee«, lesen wir. Also helft einander, gebt einander kleine Handreichungen im täglichen Miteinander, wo einer zu fallen und zu scheitern droht, geht ein oder zwei Schritte mit ihm. Und wenn die

Zeit kommt, sagt zu den Belasteten und Angefochtenen: Fürchtet euch nicht, er selbst, unser Gott tritt für uns ein. Ja, ich höre heute eine Ermutigung zum diakonischen wie zum seelsorgerlichen Handeln und zur praktischen Solidarität mit all seinen Geschöpfen. Dafür will ich Gott danken, denn ihm gehört diese Welt, und er allein kann sie zur Vollendung führen. Amen.

Kontexte

1. Gebet von Ivan Hribovsek, S. 99, in: Rudolf Bohren: Ich möchte Mauern durchschreiten. Freiburg 1985:
»O Gott, der du im unnahbaren Licht wohnst, die Sonne anzündest und die Wolke finster machst, siehe, auf meine Seele fiel Dunkel, und Zweifel plagt sie mit schweren Fragen. Komm herab vom Himmel – lehre du mich, wohin ich meinen verwirrten Schritt lenken soll, damit mich die übergroße Hoffnung nicht auf den Rücken wirft, damit mich die zu kleine Hoffnung nicht zu Boden beugt. Warum zittert mein Herz vor dir, unbegreiflicher Gott, niemals geborener? Woher kenne ich deinen Namen? Ich rufe dich an, offenbare du dich mir, ich rufe dich an, als ob du irgendwo fern wärst, doch du bist nahe bei mir – du bist in mir!«

2. Conrad Ferdinand Meyer
Die Füße im Feuer

Wild zuckte der Blitz. In fahlem Lichte steht ein Turm.
Der Donner rollt. Ein Reiter kämpft mit seinem Roß,
Springt ab und pocht ans Tor und lärmt. Sein Mantel saust
Im Wind. Er hält den scheuen Fuchs am Zügel fest.
Ein schmales Gitterfenster schimmert goldenhell,
Und knarrend öffnet jetzt das Tor ein Edelmann ...
– »Ich bin ein Knecht des Königs, als Kurier geschickt
Nach Nîmes. Herbergt mich! Ihr kennt des Königs Rock!«
»Es stürmt. Mein Gast bist du. Dein Kleid, was kümmert's mich!
Tritt ein und wärme dich! Ich sorge für dein Tier!«
Der Reiter tritt in einen dunklen Ahnensaal,
Von eines weiten Herdes Feuer schwach erhellt,
Und je nach seines Flackerns launenhaftem Licht
Droht hier ein Hugenott im Harnisch, dort ein Weib,
Ein stolzes Edelweib aus braunem Ahnenbild ...
Der Reiter wirft sich in den Sessel vor dem Herd
Und starrt in den lebend'gen Brand. Er brütet, gafft ...
Leis sträubt sich ihm das Haar. Er kennt den Herd, den Saal ...
Die Flamme zischt. Zwei Füße zucken in der Glut.

Den Abendtisch bestellt die greise Schaffnerin
Mit Linnen blendend weiß. Das Edelmägdlein hilft.
Ein Knabe trug den Krug mit Wein. Der Kinder Blick
Hangt schreckenstarr am Gast und hangt am Herd entsetzt ...
Die Flamme zischt. Zwei Füße zucken in der Glut.

– »Verdammt! Dasselbe Wappen! Dieser selbe Saal!
Drei Jahre sind's ... Auf einer Hugenottenjagd ...
Ein fein, halsstarrig Weib ... ›Wo steckt der Junker? Sprich!‹
Sie schweigt. ›Bekenn!‹ Sie schweigt. ›Gib ihn heraus!‹ Sie schweigt.
Ich werde wild. *Der* Stolz! Ich zerre das Geschöpf ...
Die nackten Füße pack ich ihr und strecke sie
Tief mitten in die Glut ... ›Gib ihn heraus!‹ ... Sie schweigt ...
Sie windet sich ... Sahst du das Wappen nicht am Tor,
Wer hieß dich hier zu Gaste gehen, dummer Narr?
Hat er nur einen Tropfen Bluts, erwürgt er dich.«
Eintritt der Edelmann »Du träumst! Zu Tische, Gast ...«
Da sitzen sie. Die drei in ihrer schwarzen Tracht
Und er. Doch keins der Kinder spricht das Tischgebet.
Ihn starren sie mit aufgerißnen Augen an –
Den Becher füllt und übergießt er, stürzt den Trunk,
Springt auf: »Herr, gebet jetzt mir meine Lagerstatt!
Müd bin ich wie ein Hund!« Ein Diener leuchtet ihm,
Doch auf der Schwelle wirft er einen Blick zurück
Und sieht den Knaben flüstern in des Vaters Ohr ...
Dem Diener folgt er taumelnd in das Turmgemach.

Fest riegelt er die Tür. Er prüft Pistol und Schwert.
Gell pfeift der Sturm. Die Diele bebt. Die Decke stöhnt.
Die Treppe kracht ... Dröhnt hier ein Tritt? ... Schleicht dort ein Schritt? ...
Ihn täuscht das Ohr. Vorüberwandelt Mitternacht.
Auf seinen Lidern lastet Blei, und schlummernd sinkt er
Auf das Lager. Draußen plätschert Regenflut.
Er träumt. »Gesteh!« Sie schweigt. »Gib ihn heraus!« Sie schweigt.
Er zerrt das Weib. Zwei Füße zucken in der Glut.
Aufsprüht und zischt ein Feuermeer, das ihn verschlingt ...
– »Erwach! Du solltest längt von hinnen sein! Es tagt!«
Durch die Tapetentür in das Gemach gelangt,
Vor seinem Lager steht des Schlosses Herr – ergraut,
Dem gestern dunkelbraun sich noch gekraust das Haar.

Sie reiten durch den Wald. Kein Lüftchen regt sich heut.
Zersplittert liegen Ästetrümmer quer im Pfad.
Die frühsten Vöglein zwitschern, halb im Traum noch.
Friedsel'ge Wolken schwimmen durch die klare Luft,
Als kehrten Engel heim von einer mächt'gen Wacht.
Die dunklen Schollen atmen kräft'gen Erdgeruch.
Die Ebne öffnet sich. Im Felde geht ein Pflug.
Der Reiter lauert aus den Augenwinkeln: »Herr,
Ihr seid ein kluger Mann und voll Besonnenheit.
Und wißt, daß ich dem größten König eigen bin.
Lebt wohl. Auf Nimmerwiedersehn!« Der andre spricht:
»Du sagt's! Dem größten König eigen. Heute ward
Sein Dienst mir schwer ... Gemordet hast du teuflisch mir
Mein Weib! Und lebst! ... Mein ist die Rache, redet Gott.«

3. Sonntag im Advent

Predigttext: Jesaja 40,1–11
Berthild Boueke-von Waldthausen

Theologisch-homiletische Skizze

Eindeutiger und eindringlicher läßt sich das Ziel einer Predigt nicht angeben, als dieser Text es mit seinem einleitenden Doppelruf tut: Tröstet, tröstet mein Volk! Um den »zu Herzen gehenden« Trost (Vers 2) ist es ihm getan. Und die den Text auszeichnende vitale Dynamik lebt von der ausladenden Bewegung, mit der der tröstende, befreiende Gott sich Raum schafft inmitten der äußeren und inneren Mächte, die sein Volk gefangen halten und ihm seine Herzen entfremden. Für die Predigt wünsche ich mir deshalb, daß jene dynamische Trostbewegung auch mich erfaßt und in der Gemeinde Raum gewinnt.
Um einem Trost auf die Spur zu kommen, der zu Herzen geht, begebe ich mich auf die Suche nach den Herzen derjenigen, denen die Trostbotschaft gilt. Es waren damals die ins babylonische Exil Deportierten. Langjährige Trennung von ihrer Heimat mit den Stätten ihrer Gottesbegegnung und das Leben unter fremder Herrschaft bedrohen sie in ihrer politischen und religiösen Identität. Drohender Identitätsverlust macht ihr Leid aus und ist auch als Ursache heutigen Leids in der Predigt zur Sprache zu bringen. Trost, der zu Herzen geht, ist damals wie heute ein Trost, der Leidende ihrer Identität zu vergewissern vermag. Es ist emanzipatorischer Trost, der die ursprünglichen, identitätsbegründenden Glaubenstraditionen (Exodus, Führung ins verheißene Land) neu zu aktualisieren und zu beleben vermag.
Unter den Trostbedürftigen sind Menschen, die sich haben verführen lassen von heilsprophetischen Vertröstungen. Unterscheidet sich der zu predigende Trost nicht grundsätzlich von illusionärer Vertröstung, verliert er nicht weniger als seine ureigene heilsame Substanz. Beide unterscheiden sich nicht oberflächlich durch äußere Erfolgsbeweise voneinander – auch der Prophet kann nur auf die Zukunft verweisen –, sondern haben ein tiefgehend anderes Verhältnis zu Leid, Schuld, zu Gott und den entfremdenden Mächten. Enttäuschende Vertröstung ist allzeit gefällig, mogelt sich verdrängend um Leid und Schuld herum, würdigt Gott zum willenlosen Mitspieler herab und spielt so den Gegenmächten in die Hände. Glaubwürdiger Trost hat dagegen seinen kostbaren Kairos, trifft auf Menschen, die zuvor gelitten und sich auf ihre Mitschuld besonnen haben, entspringt allein dem Entschluß göttlicher Barmherzigkeit und hält die kritische Distanz zur Fremdherrschaft wach (Vers 2).
Dieses Geheimnis wahrhaftigen Trostes, der die Erfahrung von Leiden nicht ausspart, sondern als unumgänglich voraussetzt, kann nicht hoch genug veranschlagt werden in einer Zeit, in der die »Unfähigkeit zu trauern« (A. Mitscherlich) den Ton angibt und Leidende beschämt ins Abseits geraten. Wie tröstlich die Predigt ist, wie

nah sie zu Herzen geht, wird davon abhängen, wie offen das Herz von Prediger/in und Gemeinde für Leiden und Identitätsverlust ist bzw. wie erfolgreich wir uns durch unbetroffene Selbstgerechtigkeit dagegen immunisiert haben.
Ich möchte nun nicht den Fehler begehen, Immunisierten durch eine gesetzliche Predigt Betroffenheit einzubläuen. Dies würde nur den Widerstand verfestigen. Ich würde gern Trost so verlockend predigen, daß die Aussicht auf ihn Leiden Verdrängende ermutigt, sich an es heranzuwagen.
Die Folge geplatzter Vertröstungen sind resignierte Herzen. Von ihnen ist der Prophet umgeben. Resignierte stehen in der Gefahr, Leid und Macht des Feindes zu verabsolutieren. Sie geben sich und ihren Glauben auf, driften vom Ursprung ihrer Identität ab. Ihre Lebensdynamik erlischt. Sie finden sich a-pathisch mit ihrer Situation ab und werden angepaßt-manipulierbar.
So gut sich der Prophet in den Herzen derer auskennt, an die er sich gewiesen weiß, so wenig läßt er sich von ihnen einfangen. Er bleibt ihnen ein Gegenüber. Wer Resignierte trösten will, muß von einer Wirklichkeit angerufen werden und ein Ohr für sie haben, die der Resignierte ausklammert, eine lebendige Dynamik jenseits seines Horizonts. »Horch, es ruft« (Verse 3+6). Wo der Resignierte seine Ohnmacht verabsolutiert und seine Zukunft aufgibt, wittert der Prophet himmlische Mächte am Werk und ahnt Gottes befreienden Aufbruch. Wo der Resignierte unüberwindliche Hindernisse und weglose Wüstenei zwischen Gott, seiner Heimat und sich weiß, vermutet er Wegbereitung und Herannahen Gottes (Verse 3–5). Wo der eine die gegnerische Macht verabsolutiert, wird dem andern deren Vergänglichkeit und die Überlegenheit göttlicher Verheißung bewußt (Verse 6–8). Wo der eine nur erschrekkende Zerstörung wahrnimmt, wird der andere ermutigender Zärtlichkeit und schrittweiser Hinführung zu neuer lebendiger Identität gewahr (Verse 9–11).
Wie tröstlich die Predigt ausfällt, hängt neben unserer Sensibilität für Leiden davon ab, wie tief die – gleichsam in der Luft liegende und vielstimmig sich ankündigende – Wirklichkeit machtvoll-dynamischen göttlichen Erbarmens uns aufhorchen läßt.

Vorschläge zur Liturgie

Dem Predigttext entspricht eine Liturgie, in der ihrerseits das Trostmotiv in seinen unterschiedlichen Klangfarben vielstimmig aufklingt.

Eingangspsalm

Kein anderer Psalm kann die Gemeinde thematisch, situativ und vor allem emotional so gut auf das Thema einstimmen wie Psalm 126.

Bitte um Vergebung

Gott, tröste uns und laß leuchten Dein Antlitz, so genesen wir (Ps. 80,4).
Herr, erbarme Dich ...

Gnadenspruch
Gott spricht: Ich will euch trösten, wie einen seine Mutter tröstet (Jes. 66, 13).

Lesungen
Im vorgeschlagenen Evangelientext Mt. 11,2–6 wird auch die Gestalt des Wegbereiters Jesu in der Spannung zwischen leidvoller Gefangenschaft und tröstlicher Verheißung gesehen. Leider spielte dieser Gesichtspunkt bei der Wahl der Brieflesung keine Rolle.

Lieder
Das vorgeschlagene Wochenlied (EKG 9) nimmt zwar das Motiv der Wegbereitung aus Jes. 40,3f. auf, verkennt aber dessen tröstlichen Charakter und deutet es gesetzlich um. Wesentlich besser wird dem Predigttext in Intention und Sprache dessen (allerdings unbekanntere) poetische Paraphrase in EKG 13 gerecht. Die Jes. 40,1–11 auszeichnende himmlisch-irdische Trostbewegung findet sich wieder in EKG 5, wird hier allerdings ins Übergeschichtliche gesteigert. Die tröstlichsten Adventsverse finden sich in EKG 7,5+6; EKG 8,2.3.6 und EKG 10,3ff. Von den neueren Adventsliedern entspricht – vom Inhalt und auch vom musikalischen Ausdruck her – dem Predigttext am besten: »Ich lobe meinen Gott ...«. Es eignet sich gut als Antwort der Gemeinde auf die Predigt.

Ich lobe meinen Gott
(aus: Exodus, 1979)

Refrain:

2. Ich lobe meinen Gott, der mir den neuen Weg weist, damit ich handle. / Ich lobe meinen Gott, der mir mein Schweigen bricht, damit ich rede. / Ehre sei Gott . . .

3. Ich lobe meinen Gott, der meine Tränen trocknet, daß ich lache. / Ich lobe meinen Gott, der meine Angst vertreibt, damit ich atme. / Ehre sei Gott . . .

Zum Fürbittengebet

Ausgehend von Jesu Verheißung: Selig sind die Leidtragenden, denn sie sollen getröstet werden (Mt. 5,4), entfalten die einzelnen Bitten, welche konkrete Gestalt Leiden und Trost in Gemeinde, Gesellschaft und Welt annehmen. Dabei sollte auch der Verwöhnten, Bitteren und Resignierten gedacht werden, die sich dem Leidvollen oder dem Tröstlichen in ihrem Leben verschließen.

Vorschlag zur Predigt

Möglicher Anfang

Trösten möchte Gott. Von Herzen trösten. Damals sein gefangenes Volk und heute uns. Und wenn ich mir etwas wünschen darf für den heutigen Adventsgottesdienst, dann dies, daß Gottes Wunsch in Erfüllung geht: Möchten wir doch eine Ahnung bekommen von der Kostbarkeit, dem Wunder und der Erquickung des Trostes! Möge er doch unsere Herzen berühren, lösen und beleben! Möchten wir doch heute getröstet werden!
Wer einmal einen Menschen in einer leidvollen Krise erlebt hat oder wer selbst einmal in eine hineingeraten ist, weiß: Trösten und sich trösten lassen ist alles andere als selbstverständlich. »Ich trau mich nicht zu ihm hin; ich halte es nicht bei ihr aus; ich weiß einfach nicht, was ich ihr sagen könnte«, sagen die einen. »Ich möchte mich am liebsten vor den Leuten verkriechen; ich mag gar nicht an meinen Kummer erinnert werden«, sagen die andern. So unterbleibt der Besuch. Die einen flüchten sich in Geschäftigkeit; die andern futtern sich Kummerspeck an. Wir werden ruhelos, verbittert oder depressiv. Tränen bleiben ungeweint; Zorn wird heruntergeschluckt; Ohnmacht wird nicht miteinander geteilt; Zärtlichkeit nicht erfahren. Und um den Trost ist es geschehen. – Und dabei ahnen oder wissen wir doch alle, wie gut das tut: Einmal ein offenes Ohr zu finden, dem ich eingestehen darf: »Eigentlich geht es mir gar nicht gut.« Einmal seinem Ärger Luft zu machen, ohne gleich von oben herab angeschaut zu werden. Einmal seinen Tränen freien Lauf zu lassen, ohne sich schämen zu müssen. Oder auch umgekehrt: Einmal mitzuerleben, wie ein Mensch sich erleichtert und durch seine Tränen hindurch wieder anfängt zu lächeln und Hoffnung zu schöpfen.
»›Tröstet‹ und beharrlich noch einmal: ›tröstet mein Volk!‹ spricht euer Gott.« Unser Gott ist ein Gott des Trostes. Er hat uns ein getröstetes Leben zugedacht. Er kann es nicht haben, wenn es ungetröstet verstreicht und wir uns mit einem trostlosen Leben begnügen.

Zum weiteren Verlauf

Auch damals, als Gott für sein Volk die Stunde des Trostes einläutete, war es in großes Elend geraten. Und der Prophet, der Gottes Absicht gewahr wird, macht sich keine Illusionen über das Ausmaß von Elend und Ohnmacht, das ihn erwartet. Im Gegenteil: Er hat sich genau umgeschaut und sich das Leid derer zu Herzen gehen lassen, deren Herz er erreichen soll. Elend Israels, von außen: Verlorener Krieg, zerstörte Heimat, Verschleppung in feindliches Gebiet mit dem Ziel der religiösen und politischen Entwurzelung, des Untergangs Israels als eigenständiger Größe zugunsten von Sicherung und Machtzuwachs für das feindliche Großreich. Von innen: bei vielen Selbstaufgabe, depressive Aufgabe der Gottesbezie-

hung, resignative Anpassung, geben sich geschlagen; andere versuchen, sich und ihrem Gott treu zu bleiben, leiden, sehnen sich zurück nach äußerer und innerer Heimat.
Dieses an seinen Wurzeln getroffene Volk gilt es zu trösten. Sein Herz soll der Prophet gewinnen. Das Ende seines Elends soll er ankündigen. »Redet Jerusalem zu Herzen und predigt ihr, daß ihr Frondienst ein Ende hat.« Das heißt nichts anderes als: Dieser Übermacht der Sieger, dieser Ohnmacht des eigenen Volkes, seiner Resignation und seinem Kummer hat sich der Prophet zu stellen, sobald er sich ans Trösten begibt.
Und heute? Ich glaube, auch wer es heute mit einem Trost hält, der wirklich zu Herzen geht, kommt gleicherweise nicht darum herum, sich Elend und Ohnmacht – eigene und fremde – zu Herzen gehen zu lassen. Oft tief verborgen. Wer behauptet schon von sich, daß er unter Fremdherrschaft litte? Leicht Gewöhnung, daß wir gelebt werden, statt Leben selbst zu gestalten. Aus unserer Mitte, unserem Selbstvertrauen vertrieben, um ein Stück Leben betrogen, nicht mehr Herr/in im eigenen Haus, ohne es zu fühlen. Denn Selbsterkenntnis tut weh. Viele müssen erst krank werden, um zu merken, daß sie einer Lebensweise verhaftet sind, die ihnen nicht guttut und entspricht. Wer aber kein Leiden empfindet, ist auch unempfänglich für Trost und Befreiung.
Frage: Ist Ihnen der Trost so viel wert, daß Sie um seinetwillen auch die Erkenntnis eigener Schmerzen, Fehlwege, Ohnmacht auf sich nehmen und sich zu Herzen gehen lassen wollen? Bitte um Selbstbesinnung: Wo Selbst-, wo Fremdbestimmung?
Wo jemand sich ehrlich dieser Frage stellt, kommt oft viel geheimes Leid und Ohnmacht zum Vorschein: Mein Vater hat zu Hause immer das große Wort geführt. Das hat mir mein Sprechen abgewöhnt. Ich käme gar nicht auf die Idee, jemandem von mir zu erzählen, selbst wenn ich es wollte. Quälende Entschlußlosigkeit, weil Eltern immer schon alles besser wußten. Ruheloser Perfektionismus. Einsamkeit durch dauerndes Befehlen. Überforderndes Gebrauchtwerden. Verlorene Initiative durch Bequemlichkeit. Abgestorbene Liebe unter Geschäftigkeit. Destruktive wirtschaftliche und politische Gesetzmäßigkeiten und Zugzwänge, die den Untergang immer wahrscheinlicher machen als das Überleben. Und dabei Sehnsucht: eigentlich könnte Leben herzlicher, aufrichtiger, lebendiger, glücklicher sein. Erschreckende Einsicht: Wo sind wir hingelangt und wie kommen wir da nur wieder heraus? Wenn Leid, Zerstörung, Ohnmacht solches Ausmaß annehmen, wie soll unsereins da noch Trost finden oder trösten können?
Der Prophet öffnet sein Herz nicht nur dem Leid, auch einer Macht, die Elend weit übersteigt, der Macht göttlicher Barmherzigkeit. Gott selbst geht das Leid seines Volkes zu Herzen. Er macht sich auf, um es zu be-

freien, und setzt dabei den Himmel in Bewegung. Von wie belebender, sanfter Übermacht Gottes Liebesbewegung zu Menschen ist, macht ein Sonnenaufgang gleichnishaft deutlich:
Morgengrauen: fröstelnd-kühler, farb- und konturenloser, laut- und bewegungsloser Dunst, beklemmend-leblos. Übergang: Dunst zu hellen Wölkchen, zartes Himmelsblau, Konturen, Farben bilden sich heraus, Vogelpiepen, leise Bewegung durch Wind, hoffnungs-, erwartungsvoll. Sonnenaufgang: Lichtkranz an Wolkenrändern, funkelnder Strahl am Horizont, Jubelchor der Vögel, streichelnde Wärme auf der Haut, Leben rundum, Glück.
So wie allmorgendlich der Sonnenaufgang sich ankündigt und allüberall zwischen Himmel und Erde das Leben sich zu regen anhebt, so vernimmt der Prophet Gottes Aufbruch zur Befreiung sich ankündigen und den Trostruf vielstimmig in der Luft erschallen. Und ebenso kann auch heute nur Trost erfahren und geben, wer zwischen aller Bedrängnis hindurch Gottes neue, lebendige Bewegung mit sanfter Unwiderstehlichkeit herannahen spürt.
Deshalb: Horch, es ruft hier! Horch, es ruft dort: (Jetzt wörtliche, direkte Anrede und Trostzusage).
Die Zeit ist zu Ende, in der ihr an eurem eigentlichen Leben vorbeilebtet. Gott selbst kommt und holt euch aus euren Verstrickungen. Ihr traut es euch nicht mehr zu, den Weg zurückzufinden? Ihr zuckt vor der unwegsamen Wüstenei, den haushohen Hindernissen zurück, die sich vor euch auftürmen? Gott selbst findet den Weg zu euren Herzen. Er übernimmt die Verantwortung, daß sich ein Weg vor euch auftut, auch wenn es dazu übermenschlicher Kräfte bedarf. Alle Täler sollen erhöht ... (Vers 4). Und ihr braucht keinen Schritt zu gehen, den er nicht vor euch gegangen ist. Ihr fürchtet euch davor, daß die Erwartungen und Gesetzmäßigkeiten, die euch gefügig und fertigmachen, nicht freigeben? Ihr braucht euch von ihnen nicht so einschüchtern zu lassen. Was sich so bedrohlich gebärdet, ist in Wahrheit kurzlebig wie Feldblumen im Wüstenwind. Eine Weile können sie euer Herz gefangenhalten. Aber letztendlich zählt und überdauert nur meine Liebe. Sie hat das letzte Wort.
Ihr wendet zuletzt ein: Selbst wenn ich freigegeben und von Gott geführt würde, ich könnte nicht mehr zurückkehren in das Land meiner Sehnsucht und meines Lebens. Ich bin nicht mehr die, die Gott einst kannte: Verleitet, Wesen gedemütigt, Kraft verschlissen, Schönheit zerstört, Stimme gebrochen. Kann keinen Schritt mehr vor den andern tun oder gar selbst trösten.

Möglicher Schluß

Wo Gott diese verschämte Klage hört, da wird sein Herz ganz weich, da kennt sein Erbarmen keine Grenze. Da holt er seinen süßesten Trost hervor und läßt uns sein wahres Gesicht, seine zärtlichste Behutsamkeit schauen. Wo wir ihm unsere Schwachheit und Nichtigkeit eingestehen, legt Gott leise seinen Arm um uns, zieht uns auf seinen Schoß und wiegt uns mit dem zartesten Wiegenlied: Ich zerre dich nicht hinter mir her und lasse dich nicht halbtot am Wegrand liegen, wie die siegreichen Herrscher, die du kennst. Ich verweile bei denen, die am langsamsten vorankommen, den Kleinsten, den Beschwertesten. Und wenn dir auch das noch zu viel wird, dann nehme ich dich eben – wie ein guter Hirte sein Schäfchen – auf den Arm. Fürchte dich nicht vor deiner Schwäche. Wie eine Mutter ihr Kleinstes, so lege ich dich an mein Herz. Da kannst du dich ausruhen und meinen warmen, lebendigen Herzschlag spüren, so lange du es brauchst, um wieder zu dir zu kommen. Ich streichle dir deine Tränen, deine Kränkungen und Beschämungen hinweg. Deine gebrochene Stimme wird wieder hell werden. Du wirst mir vom Arm springen, furchtlos den Berg hinauflaufen und mit kräftiger Stimme die Mutlosen auf mich aufmerksam machen.

Trösten war von jeher eine Sache der Mütter. Im tröstenden Gott begegnet uns der mütterliche Gott, begegnet uns Gottmutter. Vielleicht kommt der Trost unter uns wieder reichlicher in Schwang, wenn Gottmutter bei uns offenere Türen findet. Jesus, dessen Geburt wir erwarten, hat von Gottes zärtlicher, tröstlicher, erbarmender Mütterlichkeit viel verkündigt, geglaubt und gelebt. Er hält viel davon für uns bereit.

Kontexte

Heidemarie Langer:

Gott / das ist ein so langer weg / und all die jahre haben wir nicht gewußt / daß dies fremdes land wo wir stehen / fremder boden in den mann uns einpflanzte / reih und glied erkannten wir uns nicht die andre – / du Gott / das ist ein langer weg, / dies zu bemerken, dies zu entdecken / aufzustehn sich aufzubäumen / sich zu entwurzeln um zu entstehen / endlich zu spüren wo eigene wurzeln / eigene erde Gott / das ist ein so langer weg / und all die jahre haben wir nicht gewußt / daß uns wüste erwartet einsamkeit auslachen / aber wir gehen / spüren die kraft unserer schritte / deinen fels / in der weichheit des sandes.

(In: Gebete von Frauen. Was meinst du dazu, Gott? Hg. v. Susanne Kahl-Passoth, Gütersloh 1984, S. 16)

Zu Jes. 40,8: Ina Seidel: Trost

Unsterblich duften die Linden. / Was bangst du nur? / Du wirst vergehn / und deiner Füße Spur / wird kaum ein Auge mehr / im Staube finden. / Doch hell und leuchtend wird der Sommer stehn / und wird mit seinem süßen Atemwehn / gelind die arme Menschenbrust entbinden. / Wo kommst du her? / Wie lang bist du noch hier? / Was liegt an dir? / Unsterblich durften die Linden.

Religiösen Trost als Mittel zur ichschwächenden Anpassung statt zur ichstärkenden Herrschaftskritik entlarvt Heinrich Heine unbestechlich in seiner Winterreise, Kaput I: ... Sie sang das alte Entsagungslied, / das Eiapopeia vom Himmel, / womit man einlullt, wenn es greint, / das Volk, den großen Lümmel ...
In einer Variante für die Wohlstandsgesellschaft brandmarkt Udo Jürgens in seinem Schlager »Aber bitte mit Sahne« religiösen Trost als lebensgefährliche süßliche Verkleisterung.

Hildegard von Bingen: In der Herabkunft des Wortes Gottes hat uns alle mütterliche Liebe umarmt.

4. Sonntag im Advent

Predigttext: Johannes 1,19–23(24–28)
Günter Gottschämmer

Theologisch-homiletische Skizze

1. Die Frage. Die Frage lautet: »Wer bist du?« Es ist die Frage nach der Identität des Täufers. Sie stellt die Verbindung zum Kontext her, indem sie den Prolog (1,6–8.15) aufnimmt und zu 3,22ff. hinüberweist. Die anderen Fragen – »Bist du Elia? Bist du der Prophet?« – sind ihr untergeordnet. Selbst die Anfrage an die Taufe des Johannes (1,25) wird nur verständlich vor dem Hintergrund der Frage nach seiner Identität.

2. Die Antwort. Vor der Antwort liegt eine Zwischenphase. Es ist ein Phase nachdenklicher Selbstvergewisserung des Johannes. Sie steht im Zeichen der Frage: »Wer bin *ich?«* Das ist eine gefährliche, einsame Frage. Einsam, weil sie auf den Kern der Person zielt und zur Rechenschaft vor dem eigenen Selbst zwingt. Da ist keine andere Instanz, die dazwischen treten könnte: »Wer bin *ich?«* – die Frage, die von außen kommt, wird nach innen genommen. Sie ist eine gefährliche Frage, weil, wie Luther bemerkt hat, sie als Versuchung wirkt. Die Versuchung für Johannes besteht darin, die Zuschreibung der Leviten und Pharisäer ernst zu nehmen und die Vermutung, er sei der Messias, zu bejahen. Wer ist dagegen gefeit, wie Christus sein zu wollen! Karl Barth kommentiert treffend: »Wer aber wird zu dieser Unterordnung, zu dieser Anerkennung ... willig und fähig sein?« (KD 4,4,63).

Die Antwort des Johannes besteht in ihrem ersten Teil aus einer Negation. Sie grenzt ab gegen die Befürchtungen der Befrager, dieser exzentrische Heilige könne messianisch-politische Vorstellungen und damit Unruhe unter die Leute bringen. Johannes betont: »Ich bin nicht der Christus.« Das variiert die Aussage des Prologs: »Er ist nicht das Licht.« Das befriedigt die Frager nicht. Aber Johannes bleibt bei seiner Überzeugung, die er als Abgrenzung äußert: »Ich bin auch nicht Elia, auch nicht der Prophet.«

Die Fragen und die Antworten belegen einen Konflikt zwischen den Johannesjüngern und der christlichen Gemeinde gegen Ende des 1. Jahrhunderts. Es ist ein Rivalitätsstreit, und die hier überlieferte Antwort ist die der Sieger. Das macht auch der zweite Teil der Antwort deutlich, die Position. Hier wird die Aufgabe des Täufers benannt: Er »predigt Buße, tauft mit Wasser und weiset sie alle auf Christum ...« (E. Mülhaupt, D. Martin Luthers Evagelienauslegung (4), Göttingen 1954, S. 78). Das bedeutet: Der Rangstreit ist entschieden. Die Unterordnung des Johannes (und seiner Jünger) unter Jesus (und seine Gemeinde) steht fest. Johannes ist der klassische Zeuge; die Stimme, die vom Größeren berichtet; der Zeigefinger, der auf den Bedeutenderen hinweist. Er, der schon Gegenwärtige, macht den noch unbekannten Messias bekannt.

Das ist auch der Sinn der Taufe des Johannes: Sie hat Verweischarakter auf den, der mit dem Geist taufen wird. Sie ist das Erkennungszeichen für die Aufgabe des Johannes. Gefragt: »Wer bist du?«, antwortet er: »Ich bin der Zeuge. Seht auf meine Taufe.«

3. Die Perspektive. Der ausgestreckte Zeigefinger hat einen Verweispunkt. Grünewalds Altar in Colmar bestimmt ihn: Er ist der Christus. Er wird mit dem Heiligen Geist taufen. Die Stimme aus der Wüste spricht nicht in die Leere. Wer ist ihr Gegenüber? Etwa der, der die Frage des Johannes zu seiner eigenen macht und fragt: »Wer bin ich?« Oder der, der dem Bogen, den der Finger beschreibt, folgt und den Christus erblickt?

Wer auch immer: Die Perpektive, die der Zeigefinger zeichnet und die die Stimme anspricht, heißt Weihnachten. Der vierte Advent wird Gedanken und Gefühle erwecken, die von daher gestimmt sind. Diese Perspektive gilt gerade im Blick auf die Gottesdienstbesucher. Wohl werden es wenige sein. Das zu erwartende Angebot der kommenden Tage wird an diesem Tag manchen zu Hause bleiben lassen. Ich erwarte die ›Treuen‹, Menschen, die die Vergewisserung suchen; die sich bewußt herausgenommen haben aus der Hektik der Tage vor Weihnachten. Ihnen will ich die Geschichte erzählen vom Zeugen, der auf Gott, der Mensch wird, hinweist.

Zur Liturgie

Begrüßung

Von Johannes dem Täufer handelt dieser Gottesdienst. Als er gefragt wurde, ob er der Messias sei, verneinte er. Er sei es noch nicht einmal wert, die Schuhriemen des Christus zu lösen. Er sei nur der Bote, der Zeuge, die Stimme. »Wer bist du?« wurde er gefragt. Er verwies auf Jesus den Christus. – Wer bin ich, wer sind wir? – die Frage des Johannes kann uns während dieses Gottesdienstes zum Nachdenken anregen. Als Frage, aber auch mit Blick auf die erahnte Antwort, die im Wochenspruch anklingt: »Freut euch in dem Herrn allewege!«

Eingangsspruch

Johannes:
Fastet
weil er wartet.
Redet
weil er wartet.
Tauft
weil er wartet.
Widerspricht
weil er wartet.

Verweist
weil er wartet.
Verstummt
weil er wartet.

Jesus:
Erwartet von uns.
Über ihn heißt es:
Freut euch in dem Herrn allewege.
Und abermals sage ich euch:
Freut auch. Der Herr ist nahe.
(Unter Verwendung von: Paul Konrad Kurz, Johannes, in: E. Domay u.a., Rufe. Religiöse Lyrik der Gegenwart 1. Gütersloh 1979, S. 41.)

Schriftlesung (Wochenpsalm 19 i.A.)
Ob ich es will oder nicht, ich muß an dich denken, Gott ...
Ich kann es mit dem Verstand nicht begründen, und ich würde mich schämen, es auszusprechen:
Aber die Welt spricht mir manchmal deutlich deine Sprache.
Urplötzlich verwandelt ein Sonnenstrahl das graue Land in ein Paradies, und ebenso schnell hellt er finstere Menschengesichter auf.
Mit gewaltiger Kraft wirft sich die Sonne auf Mensch und Tier
und ruft zugleich den Schatten hervor, der lindernde Kühle verschafft.
So bist auch du, mein Gott, wenn ich dich manchmal verspüre.
Du veränderst nicht magisch die Wirklichkeit,
aber du läßt mich die Welt in einem neuen Lichte sehen.
Du bist ein schwieriger, mühsamer Freund,
und doch möchte ich ohne dich nicht leben.
(Nach Seidel/Zils, Psalmen der Hoffnung, Gladbeck 1973, S. 34.)

Lieder
EKG 7,1.4–6 (Wochenlied); EKG 9,1–4; EKG 239,1–3.7.10; Singe, Christenheit 624 (Weil Gott in tiefster Nacht erschienen).

Vorschläge zur Predigt
Möglicher Anfang
1. »Wer bin ich?« – so beginnen nachdenkliche Zeilen, die Dietrich Bonhoeffer im Spätsommer 1944 aus dem Militärgefängnis in Berlin-Tegel an seine Familie und an seine Freunde geschrieben hat:

»Wer bin ich? Sie sagen mir oft,
ich träte aus meiner Zelle,
gelassen, heiter und fest.
Wer bin ich? Sie sagen mir auch,
ich trüge die Tage des Unglücks
gleichmütig, lächelnd und stolz.«

Wer bin ich? – Das ist eine einsame Frage. Nicht nur, daß sie von Bonhoeffer gestellt wird angesichts der Erfahrung, isoliert, abgeschottet, kaltgestellt zu sein. Die Frage macht auch den einsam, der sie sich stellt. Denn sie trifft auf den Kern der Person. Sie macht nackt. Sie zwingt zur Rechenschaft vor dem eigenen Selbst. – Wen gibt es da, der noch schützend dazwischentreten könnte? Bonhoeffer fährt fort:

»Bin ich das wirklich, was andere von mir sagen?
Oder bin ich nur das, was ich selbst von mir weiß?
Unruhig, sehnsüchtig, krank, wie ein Vogel im Käfig,
ringend nach Lebensatem, als würgte mir einer die Kehle ...?«

Für Bonhoeffer ist es, als ob er in zwei Personen auseinanderträte: »Wer bin ich? – der oder jener?« – der, den ich selbst in mir sehe, oder jener, den die andern in mir vermuten?

Da ist Johannes der Täufer. Die Mächtigen seiner Zeit haben ganz bestimmte Vermutungen, wer er sei. Er hatte in der Wüste gelebt und sich von Heuschrecken und wildem Honig ernährt: ein Außenseiter. Ein Exzentriker. Ein Phantast. Er trägt einen härenen Mantel: das ist die Montur der Propheten. Der Aufrührer. Der Volksverführer. Seine Predigt fällt aus dem Rahmen: Knapp, klar und konkret: »Ottern und Schlangengezücht!« Anklagend und aggressiv: »Jeder Baum, der schlechte Frucht bringt, wird abgehauen und ins Feuer geworfen!« »Welche Überzeugungskraft ihn wohl treibt? Wer ist der, der mit einem solchen Anspruch auftritt?« fragen sich die Mächtigen seiner Zeit.

Sie schicken eine Abordnung. Priester, Leviten und Pharisäer. Die sollen erkunden, ob die Vermutungen stimmen und ob ihre Befürchtungen Grund haben. »Wer bist du?« fragen sie ihn. »Etwa der Messias? Oder Elia? Oder der Prophet?« Das waren mächtige Gestalten. Mit ihnen würde sich alle Verheißung und Drohung erfüllen. In dem wiederkommenden Elia sahen sie den Vorläufer des Messias, seinen Boten. Er kündete vom Gericht Gottes. Der Prophet stand für einen Mann wie Mose. Am Ende der Zeit, so glaubten sie, sammelt er das Volk Gottes. Keiner wird verlorengehen. Der Prophet führt sie zum Heil, Gott entgegen. Und erst der Messias, der Christus: Wenn er kommt, so dachten sie, wird alle bisherige Ordnung ihr Ende finden. Das war durchaus eine politische Ideologie. Aber es war vor allem eine religiöse Vorstellung. Gottes eigenes Reich würde aufgerichtet. Gerechtigkeit und Glück begegneten einander. Friede herrschte unter den Menschen.

Welch eine Frage, die an Johannes herangetragen wird! Welch ein Anspruch, dem er sich ausgesetzt sieht! – Es muß eine gefährliche Fragestellung für ihn gewesen sein. Nicht nur für sein Leben, weil sie in ihm einen gefährlichen politischen Gegener gesehen hätten (diese Version wird durch den Fortgang der Geschichte bestätigt). Nein, die Fragestellung muß vor allem gefährlich für Johannes gewesen sein, weil sie verführerisch ist. Die verleitet den Befragten – wider besseres Wissen – mit Ja zu antworten: »Bist du der Messias? – Ja, ich bin es!«

Worin besteht die Verlockung? Darin, sich groß zu machen. Anerkennung zu suchen, sich selbst zum Messias zu erheben. Schon Martin Luther sprach von der natürlichen Plage, daß jedermann Christus sein will. Johannes widersteht der Verführung. »Nein, ich bin nicht der Messias«, antwortet er. Er hält klar und deutlich die fremde Zuschreibung und das eigene Wissen um seine Person auseinander. Er fragt sich: »Wer bin ich? Bin ich der oder jener?«

Er wehrt die verführerische Fragestellung der Pharisäer ab. Vor dem Forum seines eigenen Gewissens gibt er sich Rechenschaft und grenzt sich ab von den Vermutungen und Zuschreibungen der Mächtigen: »Ich bin nicht der Messias. Nicht Elia. Und nicht der Prophet.«

Weiterer Verlauf

Nach der Abgrenzung (»Ich bin nicht ...«) erfolgt

2. die Öffnung. Johannes definiert sich als Zeugen. Stichworte:

Der Zeuge: nach israelitischen Vorstellungen (vergl. Jes. 40,3) – falsche Zeugen (Passionsgeschichte) – der Zeuge im Gerichtsverfahren.

Der Zeuge und der Bezeugte: Die Treue zum Bezeugten – die Unterordnung unter den Bezeugten.

Die Aufgabe der Zeugen: Bote/Wegbereiter des Kommenden – die Wahrheit bezeugen (Jh. 14,6).

Das Zeichen des Zeugen: Die Taufe. Sie geschieht nicht aus eigener Vollmacht, sondern sie hat Hinweischarakter. Sie ist Wassertaufe. Die Geisttaufe wird durch den kommenden Christus geübt.

Die Stellung des Zeugen: Er ist der ›Mensch im Übergang‹; seine Position ist ›auf der Grenze‹ zwischen dem Alten und dem Neuen. Es macht, was seine heilsgeschichtliche Stellung betrifft, Sinn, ihn mit Elia zu vergleichen oder ihn in die Reihe der alttestamentlichen Propheten – als ihren Abschluß – zu stellen: Johannes wurzelt im Alten Bund; er verkündet den Neuen Bund.

Möglicher Schluß

3. ›Auf der Grenze‹ – ich nehme dieses Bild auf, ich stelle mir vor: eine Grenze, die auf einem Bergrücken verläuft. Sie bietet weite Blicke in beiderlei Land, ins alte, aus dem ich komme, ins neue, in das ich gehe.

Die Grenze ist der Ort der Vergewisserung und der Rechenschaft. Die Fragen »Woher komme ich?« und »Wohin gehe ich?« drängen sich wie von selbst auf. Sie sind freilich nur zu stellen, wenn ich die andere Frage gelten lasse: »Wo stehe ich?« Oder, in der Diktion des Beginns: »Wer bin ich?« ...

Die Grenze ist der Ort des Übergangs. Johannes kam aus der Wüste und richtete den Bürgern des Kulturlandes seine Botschaft aus. An seinem Beispiel sehen wir, daß jeder Übergang, jede Veränderung gefährlich, aber auch chancenreich ist. ...

Die Grenze ist der Ort der neuen Perspektive. Nicht, daß sie mich einsperrt und zurückhält soll gelten, sondern, daß sie Tor ist in ein neues Land. Johannes ist wie ein Bote des neuen Landes, der verläßliche Zeuge am Übergang: Matthias Grünewald hat auf seinem berühmten Altar in Colmar Johannes in eigentümlicher Pose dargestellt: Breitbeinig, sicher steht er da. Er weiß, wo er steht und wer er ist. Den Blick nach vorne, die Hand ausgestreckt. Und als ob der ausgestreckte Arm nicht ausreichen würde, ist der Zeigefinger unnatürlich verlängert. Wir folgen mit den Augen dem Bogen, den der Finger spannt. Wir erblicken Jesus, den Christus. Wir denken an die kommenden Tage. Gespannt erwarten wir in ihm das Kind in der Krippe. Wir erwarten ihn, und die Frage Bonhoeffers erfährt ihre Antwort: Wer bin ich? – Wer ich auch bin. Du kennst mich. Dein bin ich, o Herr.

Kontexte

Paul Konrad Kurz, Johannes, in: E. Domay u.a., Rufe. Religiöse Lyrik der Gegenwart 1. Gütersloh 1979, S. 41 (vergl. auch Eingangspruch).

Eva Zeller, In Colmar

Die Winke des Schicksals
habe ich nie verstanden
die mit dem Zaunpfahl

Nur der Hinweis der Hand
die mit verlängertem Zeigefinger
auf ein Phantombild zeigt

Nach Zeugenaussagen
zusammengesetzt aus
verklebtem Haar und Dorn
auseinandergerissenen Armen

Fiasko
unter dem sich der
Querbalken biegt.
(Eva Zeller, Fliehkraft. Gedichte, Stuttgart 1975, S. 77.)

Prediger in der Wüste. Ein Anspiel, in: Fritz Rohrer, Anspiele. Antexte, Frankfurt 1983, S. 101ff.

»Ich glaube, ich bin dreiteilig. Zum ersten bestehe ich aus meiner Individualität; zum zweiten bin ich das Produkt meiner Eltern, meiner Erziehung, meiner Familie und meiner Gesellschaft; zum dritten bin ich ein Vertreter des allgemeinen Lebensprinzipes, worunter ich eben jene Kraft verstehe, die bewirkt, daß die Elektronen um den Atomkern kreisen, daß die Ameisen wimmeln und daß die Sonne aufgeht. ... So wenig ich aber, ..., ganz im nur Bürgerlichen und mir Überlieferten und aus-mir-Gemachten aufgehe, so wenig gehe ich auch im nur Universellen auf. ... Wie es wirklich um mich steht, daß weiß ich nicht ...«
(Fritz Zorn, Mars, Frankfurt 1982, S. 211f.)

Heiligabend

Predigttext: Johannes 7,28–29
Günter Scholz

Theologisch-homiletische Skizze

Die Exegese (Band IV) legt mir zwei mögliche Intentionen nahe. Entweder: Jesus bzw. der Mensch geht nicht auf in seiner datenmäßigen Beschreibung, sondern sein Wesen liegt in seinem Auftrag. Oder: Jesus bzw. der Mensch ist nicht nur das, was man an ihm äußerlich sieht und von ihm faktisch weiß, sondern seine Bedeutung liegt in seiner Verweisungsfunktion. Die Intentionen liegen zwar dicht beieinander, sind aber dennoch nicht identisch. Die erste betont die Sendung, die zweite den Durchblick auf den »Wahrhaftigen« hin. In meiner Predigt möchte ich letztere Intention verfolgen. Die erstere Intention steht mehr hinter dem Alternativvorschlag.
Jh. 7,28f. ist kein weihnachtlicher Stimmungstext. Er ist ziemlich abstrakt, zudem teils klagend, teils anklagend gehalten. Die Abstraktion versuche ich etwas aufzuheben durch vorsichtige Einbeziehung von Lk. 2. Dem (an-)klagenden Ton des Textes sollte auch in der Predigt Rechnung getragen werden, freilich aus psychologischen Gründen mehr in einer kritisch-fragenden als in einer vor den Kopf stoßenden Weise. Die Brücke zwischen der im Text geschilderten Situation und dem Kasus ist »das Fest« und das damit verbundene Bild, das wir uns von Jesus machen. Dementsprechend wird die Dialektik von Kennen und Nicht-Kennen zunächst an der Jesusrede zum Laubhüttenfest erläutert, sodann am Bild vom Christuskind in der Krippe durchgespielt. Das Ganze wird eingeleitet durch ein Beispiel einer Personenvorstellung in einer Gruppe.
Predigttext wie auch – notgedrungen – Predigtgedanken geben wenig für Kinder her, die jedoch gerade an Heiligabend in großer Zahl in der Kirche sind. Sie werden vor allem im Alternativvorschlag berücksichtigt.

Vorschläge zur Liturgie

Votum
Jh. 1,14a; daran anschließend:

Kanon
nach der Melodie »Lobet und preiset, ihr Völker, den Herrn«:
(1) Christ stieg hernieder vom himmlischen Thron
(2) Gott sandt' uns Menschen sein' eigenen Sohn
(3) Singet und jubelt mit freudigem Ton

Lieder
15; 16; 21; 33

Kollektengebet
Herr Jesus Christus, du bist das Licht der Welt. Nimm von uns alle Finsternis, laß dein Licht in uns aufgehen, damit wir dich recht erkennen in deiner Herrlichkeit und auch dann, wenn du zu uns kommst. Heute abend bist du bei uns. Öffne uns Augen, Herz und Ohren für deine unauffällige Liebe und Güte.

Schlußgebet
Herr unser Gott! Du hast dich erniedrigt, um uns zu erhöhen. Du wurdest arm, damit wir reich würden. Du kamst zu uns, damit wir zu dir kämen. Du wurdest ein Mensch wie wir, um uns aufzunehmen in die Teilnahme an deinem ewigen Leben. Du wolltest nicht nur im Himmel, sondern auch bei uns auf Erden wohnen – nicht nur hoch und groß, sondern wie wir niedrig und klein sein – nicht nur herrschen, sondern uns dienen – nicht nur Gott sein in Ewigkeit, sondern für uns als Mensch geboren werden, leben und sterben. Und nun denken wir an alle Finsternis und Leiden unserer Zeit, an ... Wehre du dem ... Gib, daß ... Gib der Welt etwas von deiner Weisheit, daß sie nach dem Frieden auf Erden trachten möchte. Vater unser ...
(Nach K. Barth in: W. Erk, Weihnachtsveranstaltungen, J.F. Steinkopf-Verlag, S. 271.)

Segen
Der Herr komme zu uns mit seinem Wort, damit es Weihnachten wird und wir uns freuen können. Der Herr segne uns mit seinem Wort, damit wir den Frieden finden, auf den wir alle warten. Der Herr bewahre uns in seinem Wort, damit wir zu Boten seines Friedens werden; denn darauf hofft unsere Welt.

Vorschläge zur Predigt
Möglicher Anfang
Es ging ums Kennenlernen. Wir saßen in der Runde, ich bat jeden, in kurzen Stichworten etwas von sich zu sagen, etwa Namen, Beruf, Wohnung, ob verheiratet und wieviel Kinder. Als letzter kam ich selbst an die Reihe. Auch ich erzählte zu jedem Stichwort, z.T. sogar recht ausführlich, wo ich studiert hätte, in welchen Gemeinden/Bereichen ich vorher tätig war usw. Und da ich mir nicht sicher war, ob ich nicht etwas Wissenswertes vergessen hatte, bot ich an, mich nach Einzelheiten meines Lebenslaufs zu

fragen. Kurze Stille – und dann die Frage, ob ich eigentlich schon immer Pastor werden wollte; was mich bewogen hätte, Theologie zu studieren. Ich wurde gefragt nach dem innersten Beweggrund meiner Berufswahl. Ich bin schon oft danach gefragt worden. Ich muß gestehen: Die Antwort liegt mir nicht auf der Zunge. Ich lasse das immer wieder zur Anfrage an mich werden: »Warum eigentlich?«

Weitere zum Mittelteil hinleitende Gedanken:
Die Anfrage zielt auf ein Kennenlernen, das weit über eine oberflächliche Vorstellung hinausgeht. Ein tabellarischer Lebenslauf sagt praktisch nichts über mich. Was weiß ich über den anderen, wenn ich weiß, wieviel Kinder er hat oder welche Ausbildung er genossen hat? Was weiß ich über ihn als Mensch und Person? Wer bist du? Woher kommst du? Seither höre ich mehr in diesen Fragen als nur die Erkundigung nach Name und Wohnort.

Zum weiteren Verlauf
Nach Jesus hat damals kaum jemand gefragt. Man nahm ihn vielleicht gerade noch als künftigen Steuerzahler zur Kenntnis bei der Volkszählung, die damals im ganzen Römischen Reich stattfand. In Nazareth, wo er zu Hause war, kannte man ihn. Vater: Joseph, Mutter: Maria, mehrere Geschwister, beim Vater Zimmermann gelernt, löst durch sonderbare Reden und abweichendes Verhalten manchmal Verwunderung und Ärger aus. (Hier evtl. verschiedene Reaktionen auserzählen, z.B.: »Was doch dieser Zimmermannssohn so aus sich macht« (pos.) oder: »Wie will sich *der* in der Heiligen Schrift auskennen? Das kann nichts werden! Woher soll's denn bei dem kommen?« (neg.). Auf jeden Fall schien klar: Der liebe Gott ist es nicht, der hier spricht. Denn man kannte ihn ja, diesen Jesus, man kannte ihn von Kind auf, seinen Vater, seine Mutter, man wußte, woher er kam, und mochte auch eine Handvoll Leute meinen, er sei der erwartete Heiland – diese Nachricht ließ sich leicht entschärfen, er war ja datenmäßig erfaßt. Wie oberflächlich ist solches Kennen doch! Es bleibt am Äußeren hängen und stößt nicht zum Wesen der Person vor. Besondere Kennzeichen: Keine. Das steht am Ende solcher Personenbeschreibung. Jesus wehrt sich einmal mit Entschiedenheit gegen solch oberflächliches Kennen. An einem der höchsten jüdischen Festtage, dem volkstümlichen Laubhüttenfest, stört Jesus die Stimmung. – Textverlesung Jh. 7,28f. – Noch einmal paraphrasieren mit dem Ziel, herauszuheben: Ihr *glaubt,* mich zu kennen, aber in Wahrheit kennt ihr mich nicht. Ihr seht in mir den ..., aber nicht den, der hinter mir steht, den, der mich beauftragt hat, sein Wort zu reden und zu leben. In euren Augen, in den Augen der Behörden/der Welt komme ich aus Nazareth und bin Josephs und Marias

Sohn, aber mit Gottes Augen gesehen komme ich von ihm. Von ihm her lebe ich, auf ihn hin zeige ich, ich bin der Weg, er das Ziel, *er* ist meine Heimat, nicht Nazareth. In Nazareth hat nur *das* sichtbare Gestalt angenommen, was Gott schon immer mit mir vorhatte. Wenn ihr das nicht seht und erkennt, dann kennt ihr auch Gott nicht.
Heute feiern *wir* unser schönstes und volkstümlichstes Fest. Es wäre schon ärgerlich, wenn Jesus Christus uns heute auch zurufen würde: Ihr glaubt, mich zu kennen, aber ... Wir sehen das Jesuskind heute vor uns (Krippe mit Hirten und Herde, Maria und Joseph, Ochs und Esel). So kennen wir es. Das Kind in der Wiege rührt unser Herz an. Aber wenn wir nur bei der Beschaulichkeit der Szene stehen bleiben, dann wissen wir nicht wirklich, wer dieses Kind ist. Dann sehen wir nur die Oberfläche und nicht, was sich dahinter verbirgt. Hier die Tiefendimension der Weihnachtsgeschichte ausloten: Keine traute Heimlichkeit, sondern »kein Raum in der Herberge«!
Sollte das kleine Jesuskind noch mehr sichtbar werden lassen? Sollte sich in seiner Geburt etwas zeigen, das wir nur bei tieferem Schauen erkennen? Kein Raum in der Herberge! Hat er Raum bei uns? Solange er das niedliche kleine Kind ist, gewiß. Aber auch noch dann, wenn uns in ihm Gott entgegentritt? Schenken wir Gott Raum und Zeit? Wo ist sein Platz in unseren Herzen, wo ist sein Platz in dieser Welt? Sehen wir nur die Idylle oder verstehen wir die Umstände der Geburt als *Anfrage* an uns: Räumen wir Gott noch einen Platz ein? Das Kind ist ein *Zeichen* Gottes. Was zeigt er uns durch die Geburt? Vielleicht: Ich will zu euch kommen, und so behandelt ihr mich, und so lasse ich mich von euch behandeln. Ich komme in eurem Leben kaum vor, bin abgeschoben auf einen Tag im Jahr, und ich liefere mich dem aus, schutzlos wie ein Kind, weil ich nicht über euch stehen, sondern unter euch sein möchte.

Möglicher Schluß
Vor sich sehen die Festteilnehmer des Laubhüttenfestes den Zimmermannssohn aus Nazareth. Den können sie genau beschreiben. Aber wer sich hinter ihm verbirgt, das sehen sie nicht. Ihnen fehlt das dritte Auge. – Vor uns sehen wir das Jesuskind in der Krippe. Wir kennen es, wir wissen, daß Maria seine Mutter und Joseph sein Vater ist. Sehen wir nun auch, was sich hinter der Idylle verbirgt? Sehen wir, woher dieses Kind kommt und worauf es zeigt? Möge uns dieses Bild hellhörig machen für die Klage Gottes, die er im Zeichen dieses Kindes wortlos ausspricht. Geben wir diesem Kind bei uns Raum! Lassen wir Gott zu uns und zur Welt kommen!

Alternative: Kinderpredigt
Nacherzählung der Geschichte »Kleine Station« von Ernst Heimeran in: ders., Zauber der Weihnacht, S. 94ff.

(Hier: stark gekürzte Wiedergabe; die Predigt müßte enger an der Geschichte entlanggehen):

Es ist Heiligabend. Drei Männer sitzen im Warteraum einer kleinen Bahnstation. Es ist kalt im Warteraum, nicht geheizt. Der Zug, mit dem sie fahren wollen, hat schon 90 Minuten Verspätung. Die drei kennen sich nicht. Die frostige Atmosphäre des Wartesaals legt sich den Dreien aufs Gemüt. Sie verhalten sich zueinander ebenso frostig. Sie nehmen voneinander kaum Notiz. Der eine liest Zeitung, der andere, offenbar ein Waldarbeiter, friert vor sich hin, der dritte tut seine Unzufriedenheit durch Schimpfen kund, über die Eisenbahn, über den Bahnhofsvorsteher, der wenigstens hätte heizen können, über den Waldarbeiter, der das Holz sonstwohin schafft, nur nicht dahin, wo es jetzt nötig wäre. Der Zeitungsleser blickt auf und buchstabiert das Wort »Wartesaal« aus seiner Sicht: »Laasetraw« und bemerkt: »Wenn man die Welt nur von sich aus ansieht, erscheint alles verkehrt.« – Plötzlich tritt ein Kind ein. Aus seinem Kapuzenumhang grüßt es freundlich lächelnd hervor. Aufgeschreckt fragen die Frostigen, wo es jetzt noch herkomme. Das Kind legt die Hände an den Ofen. Kalt! Der Unzufriedene macht dazu eine ironische Bemerkung und wickelt sein Brötchen aus dem Butterbrotpapier. Das Kind bittet ihn um das Papier, den Leser um die Zeitung, den Waldarbeiter um Feuer und schiebt das Papier in den Ofen und zündet es an. Zum Erstaunen der drei wird der Ofen warm. Es muß wohl auch Holz drin gewesen sein. Die frostige Atmosphäre weicht aus dem Saal und von den Dreien. Der Meckerer holt aus seiner Aktentasche eine Flasche hervor und bietet einen Umtrunk an. Endlich kommt auch der Zug. Sie steigen ein. Aber – das Kind mit der Kapuze ist verschwunden. »Wo ist der Kleine mit dem Schulranzen«, fragt der mit der Aktentasche. – »Mit dem Schulranzen?« fragt der Leser. »Oder Rucksack oder so ähnlich«, verbessert sich jener, »aber Sie wollen doch wohl nicht im Ernst behaupten, daß ...« Die drei werden still und nachdenklich. Damit endet die Geschichte.

Daran sich anschließende Gedanken: Ein Kind hat ein Herz für die Menschen. Ein Kind bricht das Eis, macht kalte Herzen warm und bringt Menschen einander näher. Ein Kind kommt in den Wartesaal, etwas ganz Alltägliches und Normales, und doch kein Zufall? Woher kommt es? Von draußen natürlich! Oder etwa ein Bote Gottes? Alle reden von Liebe und Geborgenheit, ein Kind schenkt sie. Es ist die kindgewordene Liebe. So muß es auch mit Jesus gewesen sein. Er war einfach da. Keiner wußte so recht, woher er kam ... Von Maria und Joseph natürlich! Aber er war auch das Kind für uns, die Liebe Gottes in Person. Er kam von Gott. Die meisten wußten das nicht, aber einige ahnten es. Wo er war, wich die Kälte, wo er war, wurde es den Menschen warm ums Herz. Wohin er ging? Mit 30 Jahren ins Grab! Aber manchmal ist es so, als wenn er heute noch kommt, um Liebe, Freude und Wärme unter uns zu bringen. Vielleicht auch heute abend.

Kontexte

Ein jüdischer Text bringt die Doppelbödigkeit des Woher und Wohin der messianischen Gestalt Jesu zum Ausdruck. Besonders klar wird die inhaltlich-funktionale Seite des Wohin:

Er kam nicht, der Messias ... wie ein Adler
kreiste er hoch über dem blutigen Abgrund.
Tag und Nacht hörte ich das Flattern seiner Schwingen,
an Jaffas Küste landete er in Mannes Gestalt ...
Arm und demütig, doch mächtig in der Kraft des Sehers.
Ein Schwert trug er hinauf nach Jerusalem ...
So nahe kam er ... hier stand er ... doch nur
den Stadtrand erreichte er, die Schwelle des Reiches.
Dort stieß er auf die Krämer ... die grüßten ihn
mit Hohn und Verneinung – die Krämer ...
als sie zu Ende geschwatzt hatten,
lachten sie auf: Hahaha – der Messias wand sich
wie vom Dolche durchbohrt.
Auch ich wand mich, wie vom Dolch getroffen ...
Mit Hohn erdolchten sie ihn.
So besiegten ihn die Krämer ...
Und ich hörte ihn fragen mit blutenden Lippen:
Wo sind die Geschlechter, die meiner harrten,
die mich riefen aus Rom
zur Schwelle des Ruhms?
Und ich hörte sein letztes Wort:
Wehe mir, wehe dir, meine Heimat ...
und der Messias wandte sein Antlitz und ging seines Weges ...
Wohin er ging, weiß ich nicht; kann ich nicht wissen,
vielleicht ging er ein in mein Inneres,
und ich nähre ihn mit meinem Fleisch
und still' seinen Durst mit Blut, süßer als Wein ...
vielleicht auch nicht ... vielleicht war er es, den ich sah
in Adlergestalt, hoch kreisend über dem Kidrontal,
langsam kreisend, über dem Tempelberg, schluchzend ...
Israels Erlöser, dem Vogel gleich, Abschied nehmend
vom Heiligen Tempelberg.
Und wiederum tauchte er unsichtbar
in den Born hebräischen Blutes,
gefesselt für zweitausend Jahre,

dem Messiasgesetze gehorchend,
ein zweitesmal, für zwei Jahrtausende,
wer weiß?
(Uri Zwi Greenberg, in: P. Lapide, Ist das nicht Josephs Sohn, S. 24f.)

Zum Thema der Einzigartigkeit Jesu und deren Entschärfung durch einordnende Erfassung: »... und das kind / das wie eine bombe mit zeitzündung / in der krippe tickte / was ist mit dem? / die bombe ist nie geplatzt / die gelehrten haben die bombe entschärft / es ist nichts passiert / dann haben sie das kind für sich kassiert / aus dem Stall geschafft / die bombe vergoldet / und in paläste und tempel getragen«
(U. Seidel, W. Willms, werkbuch weihnachten, S. 176.)

1. Weihnachtstag

Predigttext: Johannes 3,31–36
Sigrid Lunde

Theologisch-homiletische Skizze

Dieser blockartige Zusatz in gedrängter, formelhafter Sprache fällt aus dem erkennbaren Aufbau von Johannes 3 heraus, wird vielfach einer kirchlichen Redaktion zugeschrieben. Der Gedankengang ist von der Fremdheit der Offenbarung bestimmt. Sie war das Anstößige schon im nächtlichen Gespräch mit Nikodemus (3, 4.9) und ist im sog. johanneischen Dualismus allgemein herausgearbeitet. Zwischen der oberen himmlischen Licht- und Lebenswelt Gottes und dem unteren Kosmos als Finsternis und Todeswelt wird streng unterschieden (Vers 31). Aber »der vom Himmel kommt«, bringt »was er gesehen und gehört hat« (Vers 32) in diese Todeswelt.

Allerdings wird sein Zeugnis (als Zeugnis von seiner Beauftragung, nicht als »Beschreibung göttlicher Herrlichkeit und himmlischer Topographie« verstanden) nur von wenigen einzelnen durch reichliche Geistesgabe angenommen (Verse 32–34). Der vom Himmel Gesandte ist der Sohn, den der Vater liebt und dem er »alles in seine Hand« gegeben hat (Vers 35). Perfektisch wird hier der Sendung die Machtübergabe zugesprochen, die ursprünglich mit der Erhöhung verbunden war. Damit bot sich Joh. 3,31–36 als Weihnachtstext an. Eine ältere futuristische Eschatologie steht möglicherweise hinter der Formulierung: »Wer dem Sohn nicht glaubt, der wird das Leben nicht sehen«. Die unmittelbar folgende und im johanneischen Schrifttum singuläre Aussage vom endgültigen Zorn Gottes (Vers 36) wird so erklär- und für die Weihnachtspredigt übergehbar.

Deutlich artikuliert in diesen Versen eine – kirchensoziologisch gesehen – christliche Minderheit ein exklusives Erwählungsbewußtsein. Der erdrückenden und sie ablehnenden jüdischen Mehrheit gegenüber behaupten sich johanneische Gemeinden (in Syrien?) als freiwillige Liebesgemeinschaften mit wenig Amt, artikulieren die eigene, höhere Glaubensqualität (vgl. Jürgen Becker, Das Evangelium nach Johannes, GTB 505).

Die Gottesdienstbesucher am 1. Weihnachtstag – verstreut in den nach dem Heiligen Abend ernüchternd entleerten Kirchen – sind auf ihre Weise wieder Minderheit. Eine Minderheit allerdings in einer pluralistisch geprägten westlichen Gesellschaft, die sich diesen »Kirchentreuen« gegenüber weniger ablehnend als gleichgültig verhält.

Am 1. Weihnachtstag haben wir mit Joh. 3,31–36 für diese »Treuen« keinen dramatisch emotional betroffen machenden Text. Wir haben in knappen bekenntnisartigen Aussagen den Versuch, den Glauben einer Minorität steil auf die Gabe des göttlichen Sohnes hin zu ordnen – und zwar in einer Ordnung gegen den Strom, die auf Minoritätsfähigkeit zielt.

Vorschläge zur Liturgie

Eingangsgebet

Allen Boten sei Dank / daß sie die Nachricht / nicht für sich behielten / daß nicht geheim blieb / was alle angeht.
Maria und Josef sei Dank / weil sie der sonderbaren Offenbarung / still entsprachen / sich finden ließen / im Stall – im Stall.
Den Hirten sei Dank / daß sie der Botschaft / nicht den Rücken kehrten / daß ihre Wißbegier größer war / als ihre Furcht.

Wenn das Vollkommene kommt / wollen auch wir fahren lassen / das Unvollkommene.
Wenn Unbegreifliches einleuchtet / fahren lassen das allzu Begreifliche / fahren lassen, was unser ist.
(nach Armin Juhre.)

Schlußgebet

Erwarten wirst Du jetzt, Gott, daß wir
die immer wieder Lieblosen dieser Erde – neu Deine Liebe sind
die immer wieder Freudlosen – neu Deine Freude
die Häßlichen – neu Deine Schönheit
die Ratlosen – neue Ratgeber
die Rastlosen – Deine Ruhe
die Gefangenen – Deine Freigelassenen

Und so wollen wir jetzt zurückgehen
zu unseren Lieben – und auch Ungeliebten
in unseren Wänden wollen wir unseren ›Laufstall‹ finden
in dem wir – und Du Mensch geworden in uns –
wieder neu laufen lernen

Du hast sie gelöst – die gelenkten Gelenke
geöffnet – die verknoteten Sinne
und Du verstehst, daß wir alles üben müssen:
den ersten Schritt tun, das gute Wort sagen
und vor allem: Dich festhalten – Stille –
(z.T. nach Ernst Eggimann)

Lesung

Lukas 2,15–20

Lieder

EKG: 34,1–6.9; 27,1.5–9; 33,1–5; 30,7.11; 28,1–4

Vorschläge zur Predigt

Möglicher Anfang

Liebe Gemeinde, sehr verschieden wird in diesen Tagen nun wieder Weihnachten gefeiert. Da gibt es neben dem fröhlichen und lautstarken das stille Familienfest, neben dem Weihnachtsurlaub auf winterlichen Skihängen die Wochen am Sandstrand noch warmer Fleckchen Erde. Da gibt es Einkehrtagungen und Weihnachten in Klosterzellen. Da gibt es Freude und Gemeinsamkeit und neben wohltuender viel quälende Einsamkeit. Und da gibt es weiter das Entsetzliche in der Welt, daß da Millionen Menschen in Asien, im Nahen Osten, in Afrika, Lateinamerika, aber auch in Europa, auch in unserem Land in Flüchtlingslagern und Elendsquartieren Krankheit und Tod in trostloser Kümmerlichkeit ausgesetzt sind.

Weihnachten, das alte, deutsche, christliche Familien- und Kirchenfest, hat im Bewußtsein unserer großgewordenen Welt seinen Ort auf seltsam verlassenen Inseln bekommen, die nur noch wenige Menschen für ein paar Tage oder gar Stunden betreten. Wir hören dort noch die alten schönen Weihnachtslieder und -geschichten von Maria, Josef, den Hirten und Engeln, freuen uns an unserem Weihnachtsschmuck und -zauber, und doch spüren wir oft schon im Morgengrauen des 1. Weihnachtstages, daß diese Inselfrömmigkeit nicht alles hergibt, wonach unser Herz sich sehnt. Und in diese Morgenstunden hinein bekommen wir nun einen Predigttext aus dem 3. Kapitel des Johannes-Evangeliums, der gleich im ersten Vers sehr nüchtern und auch befreiend uns sagt: »Wer von der Erde ist, der ist von der Erde.« Immer wieder möchten wir uns ein Stück loslösen von der Erde, möchten ein Stück ungetrübten Festzaubers, aber ...

Zum weiteren Verlauf

»Der vom Himmel kommt, der ist über alle« und weiter »der Vater hat den Sohn lieb und hat ihm *alles* in die Hand gegeben.« Es gibt Weihnachtserwartungen und -bilder, die von der Erde und zu klein sind. Im Grunde sind es nicht die zu hohen, sondern die zu kleinen Erwartungen, die zu Leere, Überanstrengung, Überreizung führen. ... Kraft und Glanz von Weihnachten bindet der Predigttext eng, geradezu ärgerlich ausschließlich an den ›Sohn‹. Vielleicht tut uns diese Einengung gut in einer Zeit, in der wir unsere Probleme nicht mit zu engen Grenzen des Weihnachtsfestes haben, sondern mit seiner Grenzenlosigkeit. ... »Wer an den Sohn glaubt, der hat das ewige Leben.«

Wir können hineinwachsen in solche geprägten Glaubensaussagen. Über Jahrhunderte haben Christen das Gewicht ihres Glaubens in sie hineingelegt. Irgendwann nehmen sie uns mit dorthin, wo auch für uns das Unaussagbare aussagbar, das Unfaßbare faßbar werden kann. Wir können in ihnen die Sprache der Liebe entdecken, die zu Worten wie »alles« und »ewig« ihre Zuflucht, nicht Ausflucht nimmt. Und sie wird plötzlich auch von uns Besitz ergreifen, uns gleichsam hineinschwemmen in etwas beglückend Befreiendes, Frageloses. In einem meiner liebsten Weihnachtslieder »Ich steh' an Deiner Krippen hier ...« heißt es: »O, daß mein Sinn ein Abgrund wär und meine Seel ein weites Meer, daß ich dich könnte fassen.« Es gibt für uns alle, denke ich, die Augenblicke, in denen das geschieht, daß wir uns wunderbar herausgehoben fühlen aus einem falschen Aufgeblasensein unseres kleinen Ichs. Herausgehoben fühlen aus allem Übergewichtigen unseres eingeschränkten Denk- und Wahrnehmungsvermögens, auch aller Unzulänglichkeit der Sprache. Wir spüren, daß wir mit unserem Glauben und Unglauben wirklich hineingeschwemmt werden in das Meer einer Geschichte, in »Geschichtetes« (F. Steffensky). Und es ist eine Sache des Glaubens, seines Wachsens, daß dieses Meer uns dann mehr und mehr trägt. ... »Wer es annimmt, der besiegelt's, daß Gott wahrhaftig ist.«

Im Glauben an den Sohn, den der Vater lieb hat, werden wir hineingenommen in eine Geschichte der göttlichen Liebe zur Erde, die wie alle Geschichten der Liebe vor allem Geduld und Treue braucht, um sich zu entfalten. Und irgendwann heißt Glauben dann, »die Ungeduld nach dem Glauben hinter sich zu haben«. Manchmal ist der Weg lang zu einem solchen Glauben, und unser Leben scheint kaum auszureichen, ihn zu gehen. Manchmal ist der Weg kurz. Als Beispiel für einen kurzen Weg könnte folgende Geschichte eines 25jährigen Kriegsgefangenen aus dem Jahre 1945 stehen (siehe Eugen Drewermann, Dein Name ist wie der Geschmack des Lebens, Herder-Verlag 1986, S. 140f.). Es ist die Geschichte eines jungen Mannes, der mit dem Idealismus eines 18jährigen den Nationalsozialisten in die Hände fiel. Erst langsam lichtete sich ihm der Wahn. ...

›Ich sehe noch alles deutlich vor mir‹ – heißt es in seinem Bericht – ›das große, verschneite Feld, von Stacheldraht eingezäunt. Hungernd und frierend fühlte ich mich seit Tagen so leer und erschöpft, daß es zwischen mir und den Dingen ringsum fast keinen Abstand mehr gab. Ich war völlig zusammengebrochen. Ich ging den verhaßten Zaun entlang, wieder und wieder. Und dann war mir plötzlich, als wenn sich die Perspektive gänzlich verschoben hätte, als befände ich mich nicht mehr in einem Gefangenenlager, sondern als würden die Pfähle und Zäune zu einer Art Laufstall für ein Kind. Mich ergriff eine ungeheure Freude, so daß ich einen Moment lang glaubte, den Verstand zu verlieren. Ich lebte! Obwohl ich es nicht verdient hatte, war ich am Leben geblieben. Ich würde die Chance haben, mein ganzes Leben noch einmal zu beginnen, mit einer neuen Art zu sehen. Alles, vom Essen bis zur Kleidung, würde ich neu lernen müssen. Ich war mit meinen 25 Jahren ein Kind, das zum ersten Mal anfing, wirklich zu leben. Dieses Lager mit seinem Stacheldraht war mein Kinderzimmer, und ich wußte, daß es für mich nie wieder Drähte und Zäune geben würde. Mitten in der Gefangenschaft war ich frei. Seitdem glaube ich an Gott, und ich weiß, daß es ihn gibt.‹

Möglicher Schluß

Weihnachten als seltsam einsame Insel auch im Gefangenenlager 1945! Allerdings ist da doch ein entscheidender Unterschied zu vielen Weihnachtsinseln heute. Es gab dort ›keinen Abstand‹ zu dem Elend, dem Dunkel der Erde. Nicht eine das Dunkel ausgrenzende Weihnachtskulisse – ob in den eigenen oder in Urlaubswänden –, sondern eine ›gänzlich verschobene Perspektive‹, Sehweise, läßt es Weihnachten werden, läßt eine ›ungeheure Freude‹ aufkommen. ›Ich lebte! Obwohl ich es nicht verdient hatte.‹ Die verhaßten Zäune und Pfähle des Lebens werden nicht vernichtet, sondern zum Laufstall aufgerichtet, in dem ›der Sohn‹ in einem Menschen laufen lernt. Das war und ist Weihnachten nicht nur für ein paar Stunden – das ist Weihnachten, nach dem unser Herz verlangt. Leben beginnt ›wirkliches Leben‹ zu werden.

Kontexte

Wer kommen will in Gottes Grund, in sein Größtes, der muß zuvor kommen in seinen eigenen Grund, in sein Kleinstes, denn niemand mag Gott erkennen, er muß zuvor sich selber erkennen. (Meister Eckhart)

... Auch der zentrale Satz von der Menschwerdung Gottes erscheint vielen Zeitgenossen als versteinerte Formel aus dem Weltbild ferner Jahrhunderte. Wir sollen uns darüber nicht ereifern noch entrüsten. Von Gott kann nicht mehr so selbstverständlich im Verstehenshorizont der Antike und des Mittelalters geredet werden. ... Auch die Rede von der Menschwerdung Gottes ist zwielichtig. Im Laufe der Kirchengeschichte hat sie zu metaphysischen Spekulationen über die beiden Naturen des Gottmenschen und zu christologischen Aussagen verleitet, die sich innerhalb der Denksysteme der antiken Philosophie bewegten. Solche Holzwege werden wir nur dann vermeiden können, wenn wir das Wo dieser Menschwerdung bedenken. ... (Günter Jakobs, Die Feste der Christenheit, Radius-Verlag 1983)

Heilige Nacht 82
Dies ist unsere Freiheit / die richtigen Namen nennend / furchtlos mit kleiner Stimme einander rufend / mit der kleinen Stimme / das Verschlingende bei Namen nennen / mit nichts als unserem Atem
Salva nox ex ore leonis / den Rachen offen halten / in dem zu wohnen / nicht unsere Wahl ist. (Hilde Domin)

Wir sind in dieser Gesellschaft nicht zuhause. Wir sind Fremde, wir Christen. Wir sind aber auch nicht die, die, alles rettend, von außen eingreifen. Wir stehen mit gebundenen Händen. Wir können beten, hoffen, warten, aber nicht umstürzen. Wir haben die Vergeblichkeit unserer besten Bemühungen erlebt. Wir können nur noch warten, was sich von Gott her ereignen wird. ... Die Welt war uns ein Tummelplatz von Terror, Gewalt, Menschenschinderei gewesen. Sie wurde uns wieder – gegen allen Augenschein – zu einem Haus Gottes.
(Jörg Zink, Licht über den Wassern, Stuttgart 1978, S. 213)

... Zusammen, als Gemeinschaft, durchzogen vom Atem der Liebe Christi, öffnet sich jener Durchbruch, der von der Dürre zur gemeinsamen Schöpfung führt. ... Die nach Versöhnung suchen, erkennt man daran, daß sie in der Nachfolge Christi mehr erfüllen als niederreißen, mehr verstehen als belehren möchten. Sie halten an ihrem Platz im Innern fest, bis sich in der Kirche selbst das Zerbrechliche verklärt. ... Suche den Anderen im unermeßlichen Vertrauen des Herzens zu begreifen, der Verstand folgt später nach.
(Frère Roger, Blühen wird deine Wüste, Herder 1100, S. 141)

... Formeln ... können zuzeiten ... auch als ›Leerformeln‹ tradiert und empfunden werden, aber plötzlich erweisen sie dann wieder ihre ursprüngliche Kraft, auch in einem völlig veränderten historischen Kontext ...
(Ingo Baldermann, Die Bibel – Buch des Lernens, Göttingen 1980, S. 50)

Alt und fern sind Sprache und Bilder des Textes. Wertvoll ist mir die Sprache, obwohl es nicht meine ist, weil in ihrer Gestalt so viele Menschen vor mir ihre Ängste gebannt, ihre Leiden formuliert und ihre Sehnsucht geäußert haben. Und die Sprache hilft mir: sie formuliert mich ein bißchen dahin, wo ich eigentlich noch nicht bin ... mein Glaube wird produziert durch den Text. ... Vielleicht ist einiges dabei, wovon wir in einer postkonservativen Stadt – mit dem Problem der mit sich allein gelassenen Subjektivität – leben können.
(Fulbert Steffensky in Ev. Kommentare, August 1982)

Denn einzig den Liebenden verdichtet sich in der Gegenwart des Anderen so sehr alle Bedeutung des Lebens und aller Wert der Welt, daß sie schon hier auf Erden vermeinen, in seiner Nähe dem Himmel nahe zu sein. ... Niemals hören daher die Liebenden auf, einander mit Worten zu benennen, die in ihren Bildern und in dem Wunsch einer endlosen Wiederholung der Lauretanischen Litanei entnommen sein könnten.
(Eugen Drewermann, Dein Name ist wie der Geschmack des Lebens, Herder 1986, S. 55f.)

2. Weihnachtstag

Predigttext: Jesaja 11,1–9
Peter Kreyssig

Theologisch-homiletische Skizze

Die Empfehlung am Schluß der exegetischen Ausführungen (Bd. IV) erscheint mir gut und ihr zu folgen mehr als ein homiletischer Einfall, vielmehr eine hermeneutische Notwendigkeit. Nicht nur einer aufgeschlossenen, gutbürgerlichen Großstadtgemeinde, die schon öfter mit den theologischen Implikationen der historisch-kritischen Methode vertraut gemacht worden ist, sollte hier einmal Auskunft über den Umgang mit prophetischen Texten werden. Denn zu oft werden diese »klassischen« Weihnachtspropheten nur zitiert und für die christologische Erfüllung ohne jeden Hinweis auf den Graben der historischen Distanz einfach dingfest gemacht. Hier aber – dazu ermuntert die vorliegende Exegese auch durch ihre Substanz – kann der Rückgriff auf die historische Situation der Hiskia-Zeit geradezu helfen, mit der Bedeutung der Christgeburt für unsere Gegenwart schneller und farbiger ans Licht zu kommen. Wo sich die damaligen Verhältnisse zu den unseren ohne Gewaltsamkeit parallelisieren lassen, braucht man dann die Prophetie des Jesaja gar nicht mehr mühsam aus einer falschen Weihnachts-Idyllisierung (Es ist ein Ros entsprungen aus einer Wurzel zart!) herauszupräparieren. Dies ist einen Versuch wert.

Das bedeutet vermutlich, daß bei diesem Einbezug der Gemeinde in den Auslegungsprozeß auf die zweite Hälfte der Perikope über den »Tierfrieden« mehr oder weniger verzichtet werden muß. Denn beide in ein- und derselben Predigt historisch zu durchleuchten, dann explizit zu verknüpfen und homiletisch zu verarbeiten, wird nur schwer gelingen. Hingegen scheint mir eine irgendwie geartete Anknüpfung an Jes. 10,33a auch explizit in der Predigt notwendig. Man könnte das in der Einleitung versuchen, um eventuell die Hörer damit zu ermuntern, in Ergänzung des Gehörten nach der Predigt das textliche Ambiente unserer Perikope bei Jesaja selber nachzulesen. Von meiner Beschreibung des Kontextes in der Predigt wird es abhängen, ob dazu überhaupt jemand Lust bekommt.

Fazit: In seiner Substanz wird sich mein Predigtversuch also auf den Textzusammenhang Jes. 10,33a und 11,1–5 stützen. Das soll mich nicht hindern, die Perikope in ihrer »offiziellen« Abgrenzung vorzulesen. Denn vielleicht ergibt sich zeitlich und umfangmäßig doch noch eine Chance, auf die Bedeutung hinzuweisen, welche das neue Menschsein der Christgeburt auch für die Schöpfung und unsere Verantwortung für sie hat.

Liturgische Vorschläge

Die Perikope in ihrer ordnungsmäßigen Abgrenzung zu lesen ist bereits beschlossen. Da es sich bei der Predigt um einen Versuch handelt, zu den prophetischen Texten historische Nähe zu gewinnen, würde ich als *Epistellesung* gern Hebr. 1,1–6 voranschicken.

Als *Liedvorschlag* kommen besonders ähnliche Hinweise auf die prophetische Vorgeschichte der Christgeburt in Frage, also etwa:
EKG 30,1–5+11; EKG 31,1–3; EKG 34,1–5

Aus meiner privaten *Gebetssammlung* kommen dazu zwei Formulierungen zur Hand, die sicher Bearbeitungen veröffentlicher Formulare sind, aber mir quellenmäßig nicht mehr nachweisbar. Sie seien auf alle Fälle mitgeteilt:

1. Herr, unser Gott: Laß uns still werden und still halten vor dem Wunder der Geburt des Erlösers. Denn wir hätten ohne dich das Geheimnis des wahren Menschseins verloren auf ewig. Du aber hast die Welt nicht versinken lassen im Dunkel des Irrtums und der Eigensucht, sondern uns die Liebe neu offenbart im Erscheinen Jesu Christi.
Herr, wir bitten dich: Entzünde das Licht von Weihnachten neu in uns, präge das Bild deines Sohnes fest in unser Leben ein. Hilf uns, die Welt und ihre Menschen neu zu sehen mit den Augen deiner Liebe, und laß uns geborgen sein und bleiben in dem Frieden, den du in diesen Tagen neu ausrufen lässest über der ganzen Erde.
2. Du bist mitten unter uns, Herr, unser Gott, und stellst uns das Größte vor Augen, das es gibt: deine Liebe in menschlicher Gestalt. Du gibt uns Jesus, deinen Sohn, als unseren Bruder und damit als unseren Erlöser. Du gibst uns in ihm neue Herzen und neue Wünsche, neue Klarheit und neue Hoffnung für uns und die ganze Welt. Du versprichst uns mit ihm einen neuen Himmel und eine neue Erde: eine erneuerte Welt, die von seiner Menschlichkeit lebt – dir zu Ehren. Mach uns bereit, ihn so zu empfangen: in dankbarem Staunen über deine unermeßliche Liebe.

Vorschläge zur Predigt

Möglicher Anfang

»Diese Prophetie wurde in einer Zeit niedergeschrieben, liebe Gemeinde, in der das Volk Gottes am Ende war mit seinen Hoffnungen und Chancen! Eigentlich hätte ich das ganze unserem Text vorhergehende zehnte Kapitel mit vorlesen müssen. Aber ich habe es mit Bedacht gelassen, denn bei aller Verschiedenheit der Sprachgestalt liest es sich inhaltlich nicht viel

anders als unsere Zeitungen von heute. Von den Großmächten, wie sie aufeinander loszugehen pflegen; von den Kleinen, die – zwischen den Blöcken eingeklemmt – um Frieden nur noch betteln, aber für ihn selbst nur wenig tun können; vom Wohlstand, den das Ende des Wachstums wie ein geplündertes Vogelnest erscheinen läßt; von der Ohnmacht der Mächtigen, wie sie mit einem Spielzeug, genannt Konjunktur, herumbasteln, wo es doch in Wahrheit um eine innere Erneuerung der Menschen, um eine fleißige neue Genügsamkeit gehen müßte. Auch vom Sterben der Wälder als einem Symptom der kranken Welt redet Jesaja schon. Es ist bemerkenswert, wie sich die Bilder von damals und heute in Einzelzügen gleichen können!
›Es ist ein Ros, d.h. ein Reis, ein neuer Sproß, entsprungen‹ ... nicht eigentlich aus einer Wurzel zart, wie das schöne Lied sagt, das wir in der Heiligen Nacht gesungen haben, sondern aus einem toten Baumstumpf! Und der ist ein Zeichen für Leben in der Sackgasse, für ›Ende des Wachstums‹. Jesaja meint damit das Königshaus Davids, dessen Vater Isai (Jesse heißt er nur im Lied!) ja der Stammvater dieses Königsgeschlechtes war. Das Königshaus unter diesem Gottesgericht einer zweifelhaft gewordenen Zukunft repräsentiert ja das ganze Volk und den Bankrott seiner Zukunftserwartungen.
Aus diesem toten Stumpf, bei dem nur noch fast mechanisch Leben in den Wurzeln steckt, wird Gott etwas unglaublich Neues aufwachsen lassen, sagt der Prophet. Und er schildert einen neuen König, der alles verkörpern wird, was der trostlosen Gegenwart nur als Defizit bewußt ist ...«

Zum weiteren Verlauf

Nach dieser Art Einleitung könnte man nun die rettenden Eigenschaften des neuen Königs – d.h. die erlösenden Eigenschaften des neuen Menschseins Jesu! – ein wenig entfalten als eine dringend nötige Antwort auf *unsere* Defizite heute. Und diese Intention sollte nicht preisgegeben, sondern als Entdeckung dem Hörer selbst überlassen werden!: – Auf ihm wird ruhen der Geist des Herrn – wird ständig bei ihm sein, statt ihn nur mit schöpferischen Einfällen zu besuchen (was wir auch schon ganz gut brauchen könnten!). Ein Geist der Weisheit und des Verstandes – in *dieser* Reihenfolge! Jesaja weiß, daß man Vernunft nicht herbeireden kann. In angstgeschüttelten Menschen kann sie ja nicht Wurzel schlagen. Das kann sie nur dort, wo Menschen mit gelassenem inneren Vertrauen das Steuer der Geschichte und ihres eigenen Schicksals in den Händen Gottes wissen. Ein Geist des Rates und der Stärke: Das haben auch die Menschen damals sehr genau gespürt: Rat wissen *und* Kurs halten können, auch einen sehr unpopulären vielleicht, ist noch etwas anderes als bloß Rezepte ausprobieren und mit Starrsinn daran festhalten! Wir haben heute auch Angst vor der Wahrheit. Aber wir spüren auch, daß wir Vertrauen haben könnten zu dem, der sie uns zuzumuten wagte. Wo ist er – unter den Mächtigen von heute? Einen solchen König sieht Jesaja vor sich ... etc. Wenn das genügend entfaltet ist, müssen wir zum Sprung über den Graben der Geschichte ansetzen. Etwa so:

»Es ist eine seltsame Sache mit diesen alten Prophetien, liebe Gemeinde. Daß hier in einem wirklichen Vorherwissen schon die Geburt Jesu von Nazareth angesagt würde, kann meines Erachtens niemand ernstlich behaupten wollen. So funktioniert echte Prophetie überhaupt nicht. Natürlich hat Jesaja gar nichts andres vor Augen als ein durch Gottes Gnade wunderbar erneuertes Königtum für Israel. Mit dieser Weissagung vor Augen wäre *jeder* nach Jerusalem gezogen wie die Weisen aus dem Morgenland – und nicht nach Bethlehem! Und die klügsten Theologen Israels hätten daraus nicht ablesen können, daß ein Kind aus dem Volke, unterwegs auf der Wanderung geboren und ohne jede Voraussetzung für eine politische oder wirtschaftliche Machtchance, als dieser erwartete König in Frage kommen könnte.

Jede echte Prophetie geht von ihrer Zeit aus und deren Verhältnissen und wagt für die Zukunft zu sagen, was jetzt eigentlich gebraucht wird und erhofft werden sollte. Aber in jeder wahren Prophetie schwingt ein Wahrheitselement mit, das weiter und tiefer geht, als der Prophet selber ahnen kann. Und das Hoffnungsbild Jesajas trägt Züge an sich, die jede Augenblickshoffnung sprengen. Hier wird ja nicht bloß Hoffnung gemacht auf irgend einen begabten Herrscher, der erfüllt, was die Menschen halt von einer neuen Regierung erwarten. Sondern in dieser Königshoffnung *leuchtet im Grunde das Bild eines neuen Menschen auf:* nicht bloß ein überzeugender Regent, dem man mit Freude gehorchen, sondern ein neuer Mensch, dem man aus tiefstem Herzen vertrauen, den man verehrend lieben und für den man alles tun möchte, was er für gut erklärt. Deshalb sprengt die Hoffnung des Propheten ja auch alle nationalen Grenzen: ›Und es wird geschehen zu der Zeit, daß das Reis aus der Wurzel Isais dasteht als ein Zeichen für die Völker‹, schließt Jesaja. ›Nach ihm werden die Heiden fragen, und die Stätte, da er wohnt, wird herrlich sein.‹

Möglicher Schluß

Vor dem Hintergrund der jesajanischen Prophetie muß man jetzt, denke ich, erst noch einmal darauf verweisen, wie wenig es im Grunde einsichtig ist, ausgerechnet Jesus mit ihr in Verbindung zu bringen: den gescheiterten Wanderprediger aus Galiläa, der nach ein paar Monaten oder Jahren öffentlichen Wirkens unter Pontius Pilatus einen Sklaventod starb – eben weil er auf den erwartungs- und hoffnungsvollen Blick seiner

Volksgenossen hin eine so offensichtliche Enttäuschung war. Es bleibt eine rätselhafte Glaubensentscheidung eines Teils der Menschheit, die Prophetie Jesajas mit dieser Geschichte Jesu zusammenzubringen und das die Erfüllung zu nennen. Das aber sollte nicht nur artikuliert, sondern in einer eigenen Glaubensaussage am Ende der Predigt auch noch ein Stück weit glaubhaft gemacht werden. Ich stelle mir dazu einen fiktiven Dialog, nein, besser eine fiktive Anrede an den Propheten vor, in der das vielleicht noch am leichtesten zu artikulieren ist:

»Das konntest du ja nicht einmal ahnen, Jesaja, daß einmal eine Zeit kommt, in der wir nicht nach einem König Sehnsucht haben, sondern einfach nach einem Menschen, einem wirklichen Menschen! An dem man erkennen und dem man glauben kann, daß es einen Geist wahrhaften Menschentums geben kann, wie Gott ihn sich für seine Ebenbilder ursprünglich erdacht hat ...« Wir kommen damit wenigstens in die Nähe der Schöpfungsaussagen, und wir sind in jedem Fall bei den Aussagen, die im Kern einer Weihnachtspredigt zum Thema der Inkarnation zu machen sind. Als Schluß stelle ich mir folgenden Duktus der Predigt vor:

»Du konntest dir noch keine Zeit vorstellen, Jesaja, in der das Fernsehen Gesichter aus der ganzen Welt zum Greifen nah in die Stube bringt. Du konntest dir auch nicht vorstellen, was man gerade in solcher Zeit für Sehnsucht nach einem wirklich lebendigen und wahrhaftigen Menschenanlitz empfinden kann – nach einem ungeschminkten, das man nicht vergißt: mit dem und von dem man leben kann. Die Heilige Schrift Neuen Testaments sagt uns, daß es diesen Menschen gab und daß in seinem Gesicht die Liebe Gottes und seine Wahrheit über den Menschen uns angeschaut hat. Und dieses Menschenantlitz sehen wir nicht mehr. Ein Grabtuch aus Turin sollte angeblich noch einen Schatten davon in sich tragen. Das ist offenbar alles, was die Menschheit davon übriggelassen hat. Jetzt sucht sie verzweifelt, es chemikalisch wieder sichtbar zu machen!

Die Antwort des Jesaja darauf ist ... Schweigen. Er kann sich auch nicht vorstellen, daß der eine Mensch Gottes, den seine Mitmenschen aus Wut und Enttäuschung totschlugen, noch einmal wieder geboren wird. Nur Gott selber konnte sich das vorstellen und tat es. Das ist der Punkt, liebe Gemeinde, wo Weihnachten und Ostern sich berühren: Gott beschloß, daß der Christus wiedergeboren werden kann in den Herzen der Menschen. Und das läßt das Weihnachtsfest mehr sein als ein Erinnerungsdatum! In einem jeden von uns soll das möglich sein. Nicht neue Erlöser braucht Gott, wie sie heute schon wieder in vielen Exemplaren auftreten und Menschen zu Tausenden und Abertausenden hinter sich herziehen. Nein, es bleibt bei dem einen, dessen Geburtstag wir wieder feiern! Es wird keine neuen Christusse geben – allenfalls Christen wird es geben, in denen der Eine zu leben beginnt und Gestalt annimmt. Er hält für alle Zeiten sein eigenes Antlitz verborgen. Er hat darauf verzichtet, damit *wir* alle *unser* Gesicht bekommen können – unser menschliches Gesicht, daß er in uns zum Vorschein bringt. Und doch kann man ihn manchmal darin erkennen – wie, das bleibt sein Geheimnis. Es ist das Geheimnis von Weihnachten; ein durch und durch freudevolles Geheimnis. Denn die Stätte, da er wohnt, wird herrlich sein. Amen«

Ein Kontext

aus Umberto Ecos »Das Heilige ist keine Mode«, dtv 1280: Über Gott und die Welt/ Essays und Glossen, S. 103ff.

...»Die Reinkarnation von Supermann erwiese sich demnach als Pop-version einer Reihe von tieferen und komplexeren Phänomenen, die alle scheinbar ein- und dieselbe Tendenz bezeugen: die Rückkehr des religiösen Denkens ... auf all diesen unleugbaren Tendenzen errichten die Massenmedien nun jedoch ein Szenario, das genau besehen Feuerbachs Theorie der Entstehung von Religionen wiederholt: Der Mensch fühlt sich in gewisser Weise unvollendet, das heißt, er ist unbeschränkt fähig zu *wollen*, er kann sozusagen »alles« wollen. Doch er merkt, daß er nicht alles verwirklichen kann, was er will, und so muß er sich ein höheres Wesen ersinnen (das in höchstem Maße besitzt, was er sich an Besserem wünscht) und ihm die Aufgabe übertragen, die Kluft zwischen seinem Wollen und Können zu füllen.

Mit anderen Worten, die Massenmedien signalisieren einerseits die Symptome einer Krise der optimistischen Fortschrittsideologien: sowohl der technologisch-positivistischen, die eine bessere Welt mit Hilfe der Wissenschaft aufbauen wollte, als auch der historisch-materialistischen, die eine perfekte Gesellschaft durch revolutionären Eingriff zu schaffen gedachte. Andererseits neigen sie zu einer mythenförmigen Wiedergabe der Tatsache, daß diese beiden Krisen (...) sich in sozioökonomisch-politischen Termini ausdrücken, nämlich als Rückkehr zur Ordnung oder als konservative Erstarrung. Die Massenmedien zeigen durch andere Allegorien dasselbe Problem und akzentuieren die Phänomene der Rückkehr zur Religiosität. Insofern gehören sie, während sie scheinbar nur als Thermometer einen Temperaturanstieg registrieren, in Wirklichkeit selbst zu den Kräften, die das Feuer unter dem Kessel schüren ...«

Altjahrsabend

Predigttext: Johannes 8,31–36
Hans-Hermann Blettgen

Theologisch-homiletische Skizze

Die liturgische Verlegenheit unserer Agenden ist offensichtlich. Sie liegt darin begründet, daß die gottesdienstliche Situation am Altjahrsabend weniger durch das Kirchenjahr als durch das kalendarisch-bürgerliche Jahr bestimmt wird.
Die Medien rufen uns die wichtigsten Fakten des vergehenden Jahres in Erinnerung: Naturkatastrophen, Unglücke, den Tod bekannter Frauen und Männer, einschneidende wirtschaftliche und politische Ereignisse ... Personen des »öffentlichen Lebens« ziehen Bilanz. Wir ziehen Bilanz, privat, in unseren Gemeindegruppen.
Unsere Bilanzierungen haben längst Ritualcharakter angenommen. Das zeigt sich in der geistlichen Dichtung (z.B. EKG 38;44 u.a.; vgl. auch die bekannten »Neujahrsgedichte« von Jochen Klepper, Dietrich Bonhoeffer u.a.). Das zeigt sich in den agendarisch vorgeschlagenen Lesungen, Gebeten ...: An erster Stelle steht der Dank gegenüber Gott für den Lebensschutz im vergehenden Jahr. Es folgt der Anstoß, über den möglichen Sinn vergangener Leiderfahrungen nachzudenken und daraus zu lernen. Dann die Bitte um Bewahrung im neuen Jahr. Und schließlich Aussagen begründeter Hoffnung, in den kommenden Tagen und Wochen zu bestehen.
Ich stelle mir vor, daß die Erwartungen der Gottesdienstbesucher am Altjahrsabend meinen eigenen Erwartungen entsprechen: Ich möchte ein klareres Verhältnis zu den Ereignissen, zu den persönlichen Erfahrungen des vergehenden Jahres gewinnen, um im kommenden Jahr befreiter und vertrauensvoller leben zu können.
Die nachfolgenden Vorschläge nehmen diesen Erwartungshorizont formal und inhaltlich auf.

Vorschläge zur Liturgie

Eingangswort:
Psalm 121,8.1–3.7 oder eine Auswahl aus Psalm 8.

Eingeständnis
Ich weiß, Gott. Es waren 365 lange Tage und noch mehr Stunden. Genügend Gelegenheiten, in deinem Wort zu bleiben. Gelegenheiten, die Wahrheit zu erkennen, über uns, über unsere alte Erde, über dich. Gelegenheiten, diese Wahrheit zu leben und zu tun. – Ich weiß Gott. Und mein Wissen bedrückt mich. – Ich bitte dich, nimm sie in deine Hände zurück,

die genutzte und die ungenutzte Zeit. Nimm sie zurück, die vertanen Stunden und Tage. – In deinen Händen ist nichts verloren, Gott. Ich weiß auch das. Und dieses Wissen tröstet mich. Es macht mich frei. Amen.

Gnadenwort
Josua 1,7

Kollektengebet
Gott, du redest zu uns. Wir hören dir zu. So könnte er gelingen, der Anfang eines neuen Jahres, der Anfang unseres veränderten Lebens.

Lesung
Josua 1,1–9

Schlußgebet
Dein Wort, Gott, läßt uns die Wahrheit über uns und unsere Welt erkennen. Diese Wahrheit macht uns frei. Frei davon, schlechte Erfahrungen des vergehenden Jahres verdrängen zu wollen. Wir werden sie bedenken und daraus lernen. – Frei dazu, unsere eigenen Grenzen und die Grenzen anderer anzuerkennen. Wir werden das tun, was uns zu tun möglich ist. Das uns Unmögliche werden wir von dir erwarten. – Frei dazu, Macht und Zwang dessen, was ist, zu durchbrechen, wenigstens für Augenblicke. So werden wir Vertrauen und Hoffnung wecken. – Gott, wir möchten uns davon frei machen, nur im nahen Nächsten, im Gleichgesinnten, im Gleichgestellten, unsere Schwestern und Brüder zu sehen. Wir vertrauen darauf, daß durch uns die Verantwortung, die Solidarität wächst, die allein unser Zusammenleben in deiner neuen und einen Welt tragen kann. Wir erhoffen uns von dir, Gott, daß du uns weiterhin anredest. Daß du uns ermutigst, wenn wir, traurig über unseren Kleinglauben, bekümmert über die geringe Wirkung unseres Tuns, erschrocken über das Ausmaß von Gewalt, in Apathie und Hoffnungslosigkeit zurückzufallen drohen. So könnte das kommende Jahr dein Jahr werden: Anno domini 1989. Amen.

Lieder
38; 45; 415; 2,1–3; 108,1–3; 227,1ff. bes. 8; 268,1f.; 294,1–4.10; 432
Ferner 615 im Beiheft '84 zum EKG für die Evangelische Kirche im Rheinland.

Predigt

Möglicher Anfang

Was ist, muß nicht bleiben, wie es ist. Der morgige Tag kann mehr sein als nur die fatalistische Fortschreibung des Gestern. Neues ist möglich. Morgen könnte unsere andere Lebensgeschichte beginnen.

Wir müssen nicht bleiben, wie wir sind. Unsere alten Gesinnungskäfige, in denen wir stecken, müssen nicht bleiben. Unsere Müdigkeit, die uns hindert, Neues anzufangen, muß nicht bleiben. Unsere Gefühle von Ohnmacht, von Unfreiheit angesichts persönlicher Grenzen, müssen nicht bleiben. – Das ist kein platter Optimismus. Das ist ein Teil der Wahrheit, die Gott uns zu erkennen gibt. Die Wahrheit über uns. Gott glaubt an uns. Und er will, daß auch wir an uns glauben. Daß wir frei werden, das zu tun, wozu wir fähig sind. Nicht mehr und nicht weniger. Gott glaubt, daß wir mit unseren Möglichkeiten noch lange nicht am Ende sind. Teilten wir seinen Glauben, so könnte sich vieles ändern. Wir selbst und damit manches andere. – Gott glaubt an jeden von uns. Auch an den, der an ihm zweifelt. Zweifel müssen nicht bleiben. Gott rechnet damit, daß sie nicht bleiben.

Gott redet zu uns, weil er uns braucht. Er will es nicht dulden, daß wir uns unsere Zukunft zerstören lassen. Nicht von uns selbst. Nicht von anderen. Die selbsternannten oder tatsächlichen politischen und wirtschaftlichen Goliaths, die die Davids hier und anderswo pressen und würgen, sie müssen nicht bleiben. Ihre Macht ist Macht auf Abruf. Phantasievoll – wie David – werden wir unsere Möglichkeiten zu nutzen haben. Denn so wie wir Menschen einmal sind, gerät jedes gesellschaftliche System, jedes Menschenwerk, früher oder später in die Enge, wird lebensfeindlich und somit reformbedürftig. – Bevor wir aber zur Schleuder greifen, sollten wir prüfen, ob wir uns selbst nicht wie Goliath verhalten.

Was ist, muß nicht bleiben, wie es ist. Das gilt auch für die Strukturen unserer Kirche. Sie müssen, sie dürfen nicht bleiben, wie sie sind, wenn unsere Kirche Kirche Jesu Christi bleiben soll.

Zum weiteren Verlauf

1. Was ist, muß nicht bleiben, wie es ist. Ausnahme: Gottes Interesse an uns wird bleiben. Er wird auch im neuen Jahr immer wieder zu uns reden wollen. Sein Wort bleibt. Darauf können wir uns verlassen. Wörtlich: Daraufhin können wir es wagen, all unsere Selbstzweifel, unsere Müdigkeit, Resignation und Angst zu »verlassen«, d.h. fallen zu lassen, hinter uns zu lassen. Wer sich auf ihn verläßt, den wird er nicht »verlassen«.
Der wird in seinem Wort eine neue Bleibe finden.

2. Wer sein Wort hört und darin bleibt, wer in seinem Wort lebt, sich darin bewegt und atmet, der ist Jesu »wahrer Jünger«. Der wahre Jünger zeigt

sich darin, daß er durch das, was er denkt und sagt, was er tut, das Wort Gottes »entbirgt« (alätheia!), also greifbar, erfahrbar, öffentlich macht. Die für uns notwendigen Lebensmodelle liefert der Evangelist Johannes. Indem er erzählt, wie Jesus von Nazareth geglaubt und gehofft, geredet und gehandelt hat, indem er beispielhaft von den Menschen erzählt, denen Jesus begegnet ist, weist er uns Wege, unsere Hände und Füße, Köpfe und Herzen so zu gebrauchen, daß Gottes Wort heute erneut Fleisch werden kann, und zwar durch unser Fleisch.

3. Als wahre Jünger Jesu werden wir Erfahrungen machen, die seinen Erfahrungen entsprechen. Wir werden die »wahren« Zusammenhänge über Gott und die Welt und uns erkennen. Die alten prophetischen Visionen vom »neuen Menschen« auf einer »erneuerten Erde« werden in uns aufleben. Sie werden sich uns unauslöschlich in unser Herz und Hirn einprägen. Und das wird Folgen haben. Wir werden uns mit dem, was wir sind und was die Erde ist, nicht mehr zufriedengeben können und wollen.

4. So werden wir frei von dem Irrglauben, daß Gott die Welt und uns fertig geschaffen habe wie Dinge, die so bleiben müssen, wie sie sind. Wir werden erkennen, daß es keine »natürlichen Ordnungen« von Reichen und Armen, Wissenden und Unwissenden, Freien und Unfreien, Glaubenden und Ungläubigen gibt. Wir werden erkennen, daß politische Systeme, Wirtschaftsstrukturen, soziale Verhältnisse hier und anderswo auf der Welt nicht in jedem Fall gottgewollt sind. Sie sind menschengemacht, und zwar aufgrund von mehr oder weniger durchsichtigen Eigeninteressen.

5. Diese Erkenntnis der Wahrheit wird uns ermutigen, von unserer Phantasie und Einbildungskraft freien Gebrauch zu machen. Sie wird uns beflügeln, Lebensmodelle und Gesellschaftsbilder für morgen zu entwerfen und alles dranzusetzen, sie schon heute zu verwirklichen.

6. Befreit von Selbstbefangenheit werden wir zugleich auch hellhöriger werden für all die laut geschrieenen und leise geweinten Proteste derer, die unter einschnürenden Lebensumständen leiden. »Wo Freiheit nahe gekommen ist, beginnen Ketten zu schmerzen« (Karl Marx). Wir werden jenen Protest als Ausdruck der Sehnsucht nach Freiheit zu verstehen beginnen, zu der wir geschaffen und befreit sind. Nicht genug: Wir werden uns die Freiheit nehmen, ihnen in ihrem Protest zur Seite zu stehen. Ein wahrer Jünger Jesu kann nicht anders, als an der Seite Leidender Zeugnis abzulegen (pro-testari!) für die andere Welt Gottes. Für eine Welt ohne Leid, ohne Geschrei, ohne Tränen.

7. Wer die Wahrheit Gottes erkennt, wird frei von bloßem Wunschdenken, überspannten Hoffnungen und »abstrakten Utopien« (Ernst Bloch). Er bewahrt sich so vor unnötigen Selbsttäuschungen und Enttäuschungen. Wer die Wahrheit erkennt, wird frei von dem faustischen Trauma, selbst den »neuen Menschen« schaffen zu wollen. Der »alte Adam« in uns

wird das ohnehin zu verhindern wissen. Er wird bleiben. Sein Widerstand wird bleiben. Mit diesem werden auch die Stigmata des alten Menschen an uns bleiben. Sie werden täglich überwunden bzw. ertragen werden müssen. Wir werden von Krankheiten nicht verschont bleiben. Wir werden müde werden. Wir werden die Geduld verlieren. Unser Glaube wird oft sehr klein werden. Wir werden in Angst geraten, weinen, versagen, irren, Blut schwitzen und gelegentlich offen oder heimlich ausgelacht werden. Tage der Einsamkeit werden bleiben. Aber das alles wird uns nicht in die Verzweiflung treiben. Denn wir werden zugleich auch die Regungen des »neuen Menschen« an uns und an anderen erkennen. Neben Enttäuschungen auch Überraschungen erfahren, die befreien, erleichtern, Freude und Hoffnung wecken. Vertrauen in uns selbst und in andere wird sich entwickeln. Vertrauen in Gottes Wort wird sich entwickeln. Wir werden es suchen und aufsuchen. Wir werden in seinem Wort bleiben.

Wer die Wahrheit erkennt, wird zugleich frei von dem anderen großen Trauma, einen »neuen Himmel über eine erneuerte Erde« schaffen zu wollen. Das ist allein Gottes Sache und wird auch zukünftig Gottes Sache bleiben. Wer die Wahrheit erkennt, der wird frei, das zu tun, was ihm zu tun möglich ist. Alles andere wird er Gott überlassen.

8. Die alten Menschheitsfragen werden bleiben: Wie lange noch, Gott? Warum, Gott, läßt du das zu? ... Wir werden diese Fragen zu ertragen haben. Und das ist gut so. Sie verhindern, daß wir gegen Tod und Sterben, Krieg und Terror, offene und versteckte Gewalt, Armut und Krankheit, gegen alles fremde oder eigene Leiden abstumpfen und damit unmenschlich werden.

9. Unsere Freiheit ist keine unverlierbare Erbschaft. Jesus von Nazareth spricht die »Freien« auf ihr Tun hin an. Freiheit muß getan werden, wenn sie nicht Kopfgeburt und damit wirkungslos bleiben soll. Meinungsfreiheit, Wahlfreiheit, freie Marktwirtschaft, freie Berufswahl, das Faktum, daß die Einschränkungen unserer Freiheit durch Armut und ökonomische Zwänge heute geringer sind als jemals zuvor, unsere persönlichen Freiheitsräume, alle diese Freiheiten sind immer wieder bedroht. Sie müssen ständig beschützt, erneuert und ausgeweitet werden. – Staatsformen der Unfreiheit sind uns zeitlich und räumlich zu nahe.

10. Es reicht also nicht aus, daß wir nur dasitzen und uns bestätigen lassen, daß wir zur Freiheit erschaffen sind bzw. daß »der Sohn uns freigemacht hat«. Blieben wir im Wort Gottes, indem wir lediglich im Hören verbleiben, wären wir schon bald nicht mehr frei. Geglaubte Freiheit ist Illusion. Mehr als das: geglaubte Freiheit ist Sünde. Die Bibel kennt nicht die Trennung von äußerer und innerer Freiheit. Der Gedanke, daß eine freie Gesinnung anstelle äußerer menschlicher Freiheit treten könne, ist völlig unbiblisch. Wer so denkt und redet, der hat seine Bleibe nicht im Wort

Gottes. Jene Trennung ist Sünde. Sie hat dazu geführt, daß die Ausbeutung der »Dritten Welt« als gängiger Mechanismus der freien Marktwirtschaft erklärt wird. Sie hat zu dem fatalistischen »Die-Augen-Zudrücken« angesichts der Hungertoten, der Folteropfer in der Welt geführt. Sie hat dazu geführt, daß bereits das Wort »Befreiungstheologie« in bestimmten kirchlichen Kreisen als äußerst verdächtig erscheint.

11. Wer nicht im Wort Gottes seine Bleibe hat, der lebt in der Absonderung von Gott, der lebt in der Sünde. Alles, was er sagt, denkt und tut, ist Ausdruck von Sünde. Sünde sind die individuellen oder kollektiven Allmachtsphantasien. Sünde ist die Sucht nach Macht. Das Machen-Wollen um jeden Preis. Der Wahnwille, sich selbst, die eigenen Ideen, die eigenen Bedürfnisse rücksichtslos durchsetzen zu wollen. Sünde ist der zwanghafte Versuch, sich unter und in den gegebenen Umständen Ansehen und Erfolg und Macht, »Heil« verschaffen zu wollen und dabei andere Menschen als Mittel zu verschleißen.

12. Sünde, das ist die Kehrseite, ist der resignierende Blick auf die Grenzen des eigenen Ich, auf die Verhältnisse, die nun einmal nicht so sind. Sünde ist der Glaube, daß alles so bleiben muß, wie es ist, wir selbst, die Erde, einfach alles. Sünde ist der Glaube, daß wir Menschen schon ans Ende unserer Möglichkeiten gekommen sind. Nichts zu tun, weil es ja angeblich doch keinen Sinn hätte, ist Sünde. Kurzatmigkeit ist Sünde. Engherzigkeit ist Sünde. Ein geduckter Gang ist Sünde.

Möglicher Schluß

Was ist, muß nicht bleiben, wie es ist. Wir nicht. Nicht die Verhältnisse. Wir sind zur Freiheit geschaffen. Wir sind durch Jesus Christus zur Freiheit befreit. Was hindert's, uns jetzt die Freiheit zu nehmen, unsere alte Welt mit dem Blick auf Gottes neue Welt umzugestalten? – Es hängt von uns ab, ob das kommende Jahr ein »Anno Domini 1989« wird.

Kontexte

»Die Wahrheit ist konkret.« (Satz auf einem Balken in B. Brechts Arbeitszimmer im dänischen Exil).

Die Wahrheit ist »lebendig« (D. Bonhoeffer, Ethik, 285ff.).

»Wahrheit wird nicht gelehrt und dann angenommen, sondern gelebt und getan.« (D. Sölle, Politische Theologie, 92).

»Ich bin der Weg, die Wahrheit und das Leben; niemand kommt zum Vater denn durch mich.« (Joh. 14,6).

»Daß Gott ein Tätigkeitswort werde« (K. Marti, Zärtlichkeit und Schmerz, 135).

»Nicht das Beliebige, sondern das Rechte tun und wagen, nicht im Möglichen schweben, das Wirkliche tapfer ergreifen, nicht in der Flucht der Gedanken, allein in der Tat ist die Freiheit. Tritt aus ängstlichem Zögern heraus in den Sturm des Geschehens, nur von Gottes Gebot und deinem Glauben getragen, und die Freiheit wird deinen Geist jauchzend empfangen.« (D. Bonhoeffer, Ethik, 4).

»Freiheit ist auch nicht ein Prinzip der Unbestimmtheit, die Möglichkeit, ohne jedes Motiv zu handeln, Solch ein Handeln wäre chaotisch und vorrational, aber nicht frei ... Freiheit ist die Befreiung von der Tyrannei des um sich selbst kreisenden Ich. Sie ereignet sich in Augenblicken ... wo es heraustritt aus dem engen Rahmen gewohnter, auf sich selbst bezogener Interessen. Freiheit setzt die Fähigkeit zum Opfer voraus ... Obwohl alle Menschen potentiell frei sind, ist es unsere heilige Pflicht, all jene politischen, sozialen und intellektuellen Bedingungen sicherzustellen, die jeden Menschen instand setzen, die konkrete Aktualisierung der Freiheit hervorzubringen, die eine wesentliche Voraussetzung für Kreativität ist ... Der Mensch ist, weil er Gegenstand der Zuwendung Gottes ist; wenn er sich als solcher erkennt und mit Akten eigener Zuwendung antwortet, ist er frei ... Freiheit ist eine Herausforderung und eine Bürde, gegen die der Mensch oft rebelliert. Er ist bereit, sie aufzugeben, denn sie ist widerspruchsvoll und wird ständig angegriffen. Freiheit kann nur als Vision überdauern; ihr die Treue zu halten, ist ein Akt des Glaubens.« (A.J. Heschel, Die ungesicherte Freiheit, 12f.).

»Sünde läßt sich nicht im spezialistisch-religiösen Sinn verstehen, als Mangel an Gottesliebe oder als Auflehnung gegen einen Herrn, sondern sie muß weltlich-politisch gedacht werden. Nicht der entweihte Tempel oder die leergewordenen Kirchen klagen uns an, sondern der Zustand unserer Welt.« (D. Sölle, Politische Theologie, 115).

»Das Ungetane / fällt / oft genug / auf fruchtbaren Boden / Es geht auf / es gedeiht / es wird groß / und seine Frucht ist / die Untat /(E. Fried, Nicht weit vom Stamm, in: Zur Zeit und Unzeit, 8).

»Die Tat, das Leben selbst, erzieht den Willen. Gute Motive entstehen, wenn man Gutes tut ... Ein Mensch kann voll abstoßender Motive sein; aber eine Tat und Gott sind stärker als abstoßende Motive. Die erlösende Kraft, die durch das Tun des Guten ausgelöst wird, läutert den Sinn. Die Tat ist weiser als das Herz.« (A.J. Heschel, Die ungesicherte Freiheit, 118f.).

»Von guten Mächten ...« (D. Bonhoeffer, z.B. in: Beiheft '84 zum EKG für die Evangelische Kirche im Rheinland, 615).

Neujahr

Predigttext: Sprüche 16,1–9
Wolfgang Gerlach

Theologisch-homiletische Skizze

Die Predigt am Altjahrsabend muß in meiner Gemeindesituation zugleich »reichen« für die Predigt am Neujahrstag. Denn die Besucher sind bei beiden Gelegenheiten verschiedene; im Sinne der Kräfteökonomie geht es für mich bei diesem »Kalendarium« eines kirchenunabhängigen Volksbedürfnisses um das Datum der »Jahreswende«. M.a.W.: Die einen Besucher feiern Jahreswende in der Kirche lieber vor 24 Uhr, die anderen lieber nach 0 Uhr. Das bedeutet: Ich mache auf einem Stück gemeinsamen Weges (z.B. auf dem Weg in Vers 7 und 9) mit meinen Zuhörern Rast; wie wenn wir einen Berg besteigen, schauen wir, was hinter uns liegt, und sehen, was vor uns ist. Wir überlegen, in welcher Weise mit wieviel Zeit wir fort-»fahren« wollen, was dabei zu bedenken, worauf Rücksicht zu nehmen ist, welche möglichen Unbilden mit einkalkuliert werden müssen.
Die theologische Frage, die der Exeget zu diesem Text am Schluß anstellt (ob nämlich »die Theologisierung der Weisheit« hier positiv oder – wie bei W. Schrottroff – negativ zu bewerten ist), möchte ich lieber den Zuhörer mitbeantworten lassen durch die Frage an ihn: Mit welchem Gott rechnest du? Mit dem, der nach deinen Wünschen handelt? Mit dem, der nur so lange dein Gott ist, als er deine Gebete erhört? Oder mit dem, der seine eigenen Wege geht? Oder mit dem, der seine Wege mit den deinen sich kreuzen läßt?
Da es sich um Einzelspruchweisheiten handelt, wähle ich aus den Versen aus, und zwar nicht zuletzt auch deshalb, weil der Hörer so merken kann: Das Auswählen ist eine mögliche und auch bewährte Form sowohl für Rückschau wie für Vorschau; denn ich kann in dieser Stunde nicht alles, was war im letzten Jahr, erinnern, und ich kann nicht alles bedenken, was sein wird oder sein kann im kommenden Jahr. Ich wähle aus die Verse 7 und 9, nicht, ohne bei der Schriftlesung erst alle 9 Verse verlesen zu haben.
Das Thema soll heißen: »Meine Wege zwischen Führung und Fügung.« Und weil Führungen und Fügungen wohl nur auf dem Wege des Erinnerns entdeckt und benannt werden können, nehme ich als »heimliches« Thema den jüdischen Weisheitssatz hinzu: »Erinnern ist das Geheimnis der Erlösung«, was für mich auch soviel heißt wie: Erinnern löst geheimnisvolle Rätsel. Der zugehörige Bibelvers könnte sein Sprüche 16,9. Dazu würde z.B. passen: EKG Nr. 306 (Ich steh in meines Herren Hand), Vers 2–4. Ferner EKG Nr. 326 (Ich bin ein Gast auf Erden), bes. Vers 4+5. Auch EKG Nr. 9,2 (Mit Ernst, o Menschenkinder). EKG Nr. 190,3 (Wohl denen, die da wandeln). EKG Nr. 350,5 (Mein erst Gefühl sei Preis und Dank). EKG Nr. 42 (Nun laßt uns gehn und treten).

Vorschläge zur Liturgie
(Die Texte sind mit gelegentlichen Abwandlungen der sehr empfehlenswerten Agende I der Ev. Kirche von Kurhessen-Waldeck, Kassel 1985, entnommen, S. 43ff.)

Introitus
Psalm 121,8,1–3.7–8

Eingeständnis
(Der Begriff ›Sündenbekenntnis‹ suggeriert den moralischen Sündenbock, das Büßerhemd, das zerknirschte Gewissen – und in diesem Sinne sind auch mannigfache sog. Sündenbekenntnisse in traditionellen Agenden verfaßt.)
Unser Gott, manchmal leben wir wie Jesus: geborgen in deiner Zuneigung, bereit, auf unseren Vorteil zu verzichten, eins mit uns selbst, mit unserem Nächsten und mit dir. Aber es gibt auch Tage, da haben wir Angst, zu kurz zu kommen. Die Angst macht uns kurzsichtig. Wir sehen unseren Vorteil, aber was unserem Frieden dient, sehen wir nicht. Wir bitten dich: Gib uns Augen, die dich erkennen, Augen, die die Spur deiner Gnade wahrnehmen in guten wie in schwierigen Tagen.

Gnadenspruch
Ihr sollt in Freuden ausziehen und im Frieden geleitet werden. Berge und Hügel sollen vor euch her frohlocken mit Jauchzen und alle Bäume auf dem Felde in die Hände klatschen. (Jesaja 55,12)

Kollektengebet
Unser Gott, wir hängen noch am alten Jahr und denken an seine guten und dunklen Tage. Wir wünschen uns, daß sie gut aufgehoben sind bei dir. Wir wissen nicht, was das neue Jahr bringen wird und was wir dazutun werden. Manchmal bedrückt uns der kommende Tag oder auch das kommende Jahr. Wir feiern diesen Gottesdienst, weil du uns ein befreiendes Jahr versprichst.
Oder:
Gott, bleibe uns freundlich zugewandt: Laß uns bewahren, was gut war, und neu begreifen, was weiterbringt. Laß unser Leben in dir verwurzelt bleiben, damit wir guten Grund haben zum Loben und Danken.

Gebet nach der Predigt (Fürbittengebet)
Gott, laß uns einen Anfang machen. Du redest zu uns, zeigst uns den andern Weg, öffnest uns die Augen für deine neue Welt. Laß uns damit einen Anfang machen, den ersten Schritt gehen. Laß uns Vertrauen haben zu dir.

Du nimmst uns in Schutz. Laß uns die in Schutz nehmen, über die schlecht geredet wird, die man nicht mag. Für uns ist gesorgt. Lenke unsere Sorgen auf die, die nicht zurechtkommen – die einen brauchen, der ihnen zuhört und beisteht.

Du befreist uns von Angst und Schuld. Laß auch uns befreiend sein, wohltuend und erlösend für andere. – Und wenn wir davon reden, wie schwer wir es haben, dann wecke in uns das Gefühl des Glückes, den Dank und die Freude deiner Geschöpfe. Dann mach du uns bereit, großzügig mit denen zu teilen, die brauchen, was du uns gibst: unser Können, unsere Sachen, unsere Zeit; unsere Freude oder unseren Ernst, unser verstehendes Zuhören oder unser befreiendes Reden und Lachen. Wir danken dir.

Laßt uns beten, daß wir nicht der Entmutigung nachgeben, weil sich alles so langsam verändert, daß wir uns nicht zu schnell abfinden mit dem Unvermeidlichen, sondern uns allezeit ermuntern und beseelen lassen durch den Gott der Verheißungen: Laßt uns beten, daß wir die Spannungen in dieser Zeit nicht vergrößern und die Gegensätze nicht hochschrauben, sondern daß wir einander zu verstehen trachten und leben lernen mit der Verschiedenheit von Meinungen und Haltungen.

Du, unser Gott – nah und gegenwärtig den einen, fremd und fern den anderen – erhöre uns, wenn wir bitten:
- für die Fröhlichen, daß sie auch danken;
- für die Niedergeschlagenen, daß sie neue Einsichten gewinnen;
- für alte Menschen, die allein leben, daß sie ihr Herz für andere entdecken;
- für die Ehepaare, daß sie Krisen annehmen und miteinander durchstehen;
- für die Kinder, daß sie selbständig und gemeinschaftsfähig werden können;
- für die Menschen, die in diesem Jahr sterben, daß sie sich trennen können von allem, was ihnen auf der Erde lieb und teuer ist, und sich deiner Nähe freuen;
- für alle Völker in der Welt, auch für unser Volk, daß Gerechtigkeit und Freiheit sich durchsetzen;
- für uns selbst, daß dein Wort uns hindert, Unrecht zu tun, und uns zum Guten ermutigt.

Erfülle uns mit der Hoffnung auf den Tag, an dem alle Not ein Ende hat.

Lesung
Lukas 4,16–21: Jesus legt in Nazareth die Schrift aus. Oder: Genesis 50, 15–21 (bes. Vers 20: »Ihr gedachtet es böse mit mir zu machen ...«)

Lieder

EKG Nr. 45 (Der du die Zeit in Händen hast); Nr. 345 (Gott des Himmels und der Erden) bes. Vers 5; Nr. 383 (O Gott, du frommer Gott) bes. Verse 2+3+5. Mein Liederbuch für heute und morgen, tvd-Verlag Düsseldorf 30, Parkstr. 20: B 34: Der Refrain der drei Strophen lautet: Den Weg wollen wir gehen, die Liebe geht mit uns: auf dem langen und steinigen, auf dem weiten und unbequemen, auf dem Weg, der die Mühe lohnt, auf dem Weg, der die Mühe lohnt.

Vorschläge zur Predigt

Möglicher Anfang

Der zur Jahreswende vorgeschlagene Bibeltext soll das Thema der Stunde sein. Aus den 9 Versen wähle ich zwei aus, die beide das Bild des WEGES enthalten: »Wenn eines Menschen Wege dem Herrn wohlgefallen, so läßt er auch seine Feinde mit ihm Frieden machen. Des Menschen Herz erdenkt sich seinen Weg, aber der Herr allein lenkt seinen Schritt.« Wer einen Weg geht, wird irgendwann einmal Rast machen. Ein Gottesdienst am Altjahrsabend (Neujahrstag) ist wie Rastmachen. Ich stelle mir vor, ich mache eine längere Bergwanderung – nicht allein, sondern mit Freunden zusammen. Wir haben ein gutes Plätzchen gefunden, das den einen die Sonne ins Gesicht scheinen, den anderen Schatten finden läßt. Ich hoffe, auch Sie haben jetzt und hier einen Platz gefunden, um die Rast auch ein wenig zu genießen. Der Blick zurück läßt uns das Beschwerliche, das unter uns oder hinter uns liegt, erkennen, weckt Erinnerungen, die vielleicht noch schmerzen. Aber da sind auch viele Stellen, an die ich mich gern erinnere, die gute Ausblicke gaben, mir überraschende Begegnungen mit Menschen bescherten, die meinem Leben, meinem Weg eine neue Richtung geben sollten. Und dieser Rastplatz läßt uns nun auch miteinander reden, wie es weitergehen soll: Ob wir bewährte Wege wählen sollen, die schon viele andere gegangen sind, sozusagen Trampelpfade, auf denen einem nichts passieren kann; oder ob wir uns auch einmal etwas zutrauen und zumuten sollten, indem wir einen neuen Weg ausprobieren: wieviel Wagnis, wieviel Leichtsinn, wieviel kalkulierte Vorsicht werden wir dabei einsetzen?

Zum weiteren Verlauf

Wenn es wahr ist, daß ich mir meine Wege zwar erdenke und entwerfe, Gott aber meine Schritte lenkt, dann frage ich mich: Kann ich also planen, entscheiden, handeln, wie ich will – letzten Endes aber mischt sich Gott doch immer so ein, daß er seine Ideen »mit mir« durchsetzt? Was heißt

hier »mit mir«? Bezieht sich dieses »mit mir« auf seine Ideen mit mir oder auf seinen Willen, etwas »mit mir« *gemeinsam* zu Wege zu bringen? Oder entscheide ich nachträglich darüber, was Gottes Anteile und was meine eigenen bei meinem Lebensweg waren? Oder noch anders gesagt: Wo und wann habe ich meinen eigenen Kopf durchgesetzt, wo und wann habe ich mich geführt erlebt und wo und wann haben sich geheimnisvolle Überschneidungen zwischen meinen Ideen und Gottes Plänen (oder mehr oder weniger wichtigen Kurskorrekturen) aus meiner heutigen Sicht ergeben? So sehe ich im Text dieser Weisheitssammlung Goldener Worte im Augenblick der Jahreswende das Thema aufleuchten, das ich so entziffere: *Meine Wege zwischen Führung und Fügung*. Fühle ich mich geführt, dann bedeutet das eine stärkere, deutlichere Aktivität Gottes. Er ist sozusagen beschäftigt mit meiner permanenten Kursbestimmung. Wenn Gott »fügt«, dann baut er sich gleichsam in meine Pläne und Entscheidungen ein, so also, daß er gerade dazwischen paßt. Das würde bedeuten: Gott fügt *sich nicht*, aber er fügt *es*, d.h. er fügt, daß meine Sache mit seiner Sache wie Nut und Feder zusammenpassen und eine »Fuge« ergeben.
Ich will Ihnen ein Erlebnis erzählen. Ich besuchte einen älteren Herrn in meiner Gemeinde. Er hatte mich zu sich gebeten, weil er sich verabschieden wollte, ehe er, fernab von hier, fortzöge zu seinen Kindern. Er ließ seine Gedanken in die Vergangenheit schweifen, erzählte mancherlei, bis er schließlich sagte: »Wissen Sie, Gott hat mich immer geführt.« »Wie meinen Sie das?« fragte ich neugierig. »Ja, das habe ich besonders gemerkt, wenn aus Unangenehmem etwas Schönes wurde, wenn Leidvolles sich in etwas Sinnvolles verwandelte, wenn – ich möchte das mal so sagen – Unsegen sich zum Segen kehrte.« Ich unterbrach gespannt: »Denken Sie da an Bestimmtes?« »Ja, das kann ich Ihnen sagen. Es gibt da drei Stationen in meinem Leben, an denen mir unauslöschlich klar geworden ist, daß Gottes führende Kraft im Spiele war: Das katholische Mädchen, das ich gern geheiratet hätte, habe ich nicht bekommen. Dafür begegnete ich dann meiner späteren Frau, die mein Leben unendlich bereichert hat. Meine Phantasie versagt, mir vorzustellen, daß ich diese Bereicherung durch irgendeinen anderen Menschen hätte erfahren können. *Ich* denke, Gott hat uns zusammengeführt. Andere mögen sagen: Warum willst du für Zufälle gleich Gott verantwortlich machen? Und dann ein andres: Ich verlor als junger Anfänger im Wirtschaftsleben meinen Job. Das war für mich ein schwerer Schlag. Ich kann mich an diese verzweifelte Situation noch gut erinnern. Erst später wurde mir klar, daß diese Pleite nötig war, damit ich daraufhin eine Lebensstellung bekam, die meine Vorbildung weit übertraf. Zweifeln Sie, Herr Pfarrer, daß Gottes Führung hier beteiligt war?« – Beeindruckt von dieser so gedeuteten Vergangenheit schüttelte ich den Kopf und wollte durch meine Stimme den weiteren Rückblick nicht unterbrechen. »Und das dritte Erlebnis, wo ich Gottes Führung

später spürte, war das mit dem Finger: Ich wurde im Krieg an der Hand verwundet, und zwar nur am kleinen Finger. Und ich entkam auf diese Weise dem Schicksal meines Kameraden, der wenig später fiel.«

Er hielt inne, wohl, um mir Zeit zu einer Antwort zu geben. Ich sagte zu ihm: »Sie haben von Ihren Erfahrungen erzählt und sehen in ihnen zugleich Gottes Führungen. Mag sein, daß man das so nennen kann. Vielleicht nenne ich das später auch einmal so. Aber, wissen Sie, bei dem Wort ›Führung‹ werde ich das Gefühl nie ganz los, als ob mich da jemand an seiner Hand festhielte, daß ich nicht loskomme, daß ich nicht auch mal alleine meinen Weg mache. Bei Führung denke ich auch an Blindenführer, und damit an jemanden, der auf jeden Fall angewiesen ist auf Weggeleit. Ich weiß, daß ich das auch manchmal brauche und auch genieße. Aber es gibt auch Zeiten, da will ich ganz alleine gehen, komme, was und wer da wolle. Und für solche Situationen und Bedürfnisse scheint mir dann das Wort ›Fügung‹ besser zu passen. Damit meine ich dies: Gehen wir davon aus, ich selber handele oder entscheide weitestgehend selbstbestimmt, autonom, nach besten Kräften, dann mache ich meine Fehler selbst und fühle mich auch für gewisse Erfolge wesentlich verantwortlich. Das ist das eine. Und das andere ist dann die Seite Gottes: Er hat seinerseits auch seine Vorstellungen von mir und meinen Möglichkeiten und Wegen. Und was dann zwischen uns beiden, zwischen Gott und mir, scheinbar nicht zusammenpassen, ja vielleicht sogar einander widersprechen will, das ›macht er passend‹, das fügt er so zusammen, wie der Tischler zwei Bretter auf Nut und Feder ineinanderschiebt. Verstehen Sie, bei diesem Bilde des Fügens ist mir Gott nicht der Alleinmacher und ›Führer‹, und ich nicht der nur Geführte, der Gezogene oder Geschobene, sondern hier handelt es sich dann um zwei sehr autonome Kräfte, die – auch wenn sich die ›Hölzer‹ vielleicht an manchen Stellen weigern, beim Akt des Verfugens passend gemacht zu werden – dann am Ende doch auf überraschende und geheimnisvolle Weise zueinander passen. Ich denke da an das Wort eines mir befreundeten katholischen Priesters, der mal sagte: ›Wissen Sie, der liebe Gott tut nichts als fügen‹. Damit tut er einerseits sehr viel, dieser Gott, und andererseits läßt er viel Spielraum, ja jenen ›Spielraum‹, den auch Nut und Feder brauchen, um ineinandergeschoben werden zu können, wenn es weder klemmen noch zuviel Spiel geben soll. Das ist sozusagen die nötige Toleranz, die ich sowohl zwischen Nut und Feder als auch zwischen Gott und mir erkenne.«

Seit ich mir diesen Satz vom Gott, der nichts tut als fügen, vertraut gemacht habe, fühle ich mich ermuntert, ihn auch als Deutung *meines* Lebens zu verstehen. Er hilft mir, wenigstens in der Rückschau Gottes Gegenwart zu entdecken. Wahrscheinlich kann der Mensch ohnehin Gott nur wahrnehmen, wenn er, Gott, schon wieder »weg« ist. Damit meine ich:

man kann wohl nicht sagen: Er ist hier oder er ist dort, sondern allenfalls: Hier *war* er oder *war* seine Gegenwart wirksam. Erst, wenn Gott wieder fortgegangen ist, merke ich, daß er da war. Das geht mir ja mit Menschen oft genauso: Das Wichtigste von einem Besucher wird mir manchmal erst deutlich, wenn er fort ist, wenn Nachwirkungen entstehen, wenn die Seele Zeit gehabt hat, nachzukommen. Denn sie kann nicht so schnell und so viel aufnehmen, wie mein Kopf und meine ungeduldigen Sinne gerade wünschen.

Zum Predigtschluß

Heute, wenn mir diese Geschichte wieder einfällt, kommt mir der Gedanke, daß das vielleicht gar nicht zufällige Stationen waren, von denen da der alte Herr vor seinem Umzug erzählte. Gottes führende und fügende Kraft hatte er erfahren in der Beziehung zu einem anderen Menschen, im Verhältnis zu seinem Beruf und im unmittelbaren Kontakt zu sich selbst. Vielleicht sind das drei ganz wesentliche Bereiche für mögliche Gottesbegegnungen. Und alle drei Begegnungen hatten mit einer Enttäuschung, mit einer Minderung seines Lebens begonnen; und sie endeten mit einer Bereicherung. Es hatte immer mit einer Unstimmigkeit angefangen und mündete ein in Stimmigkeit. Am Anfang stand so etwas wie der Unfug des Schicksals, und am Ende wandelte sich der Unfug in Fügung. Aus dem dunklen Schicksal trat Gott selbst ans Licht.

So könnte das Leitmotiv des Jahres 1989 lauten: Des Menschen Herz erdenkt sich seinen Weg, aber der Herr allein lenkt seinen Schritt. Oder als Variation des Sprichworts »Der Mensch denkt, Gott lenkt«: Der Mensch entwirft einen Weg, und Gott führt mich so (sagen die einen) und Gott fügt es so (sagen die anderen), daß ich gut und heil ankomme.

Alternativvorschlag

»Wenn eines Menschen Wege dem Herrn wohlgefallen, so läßt er auch seine Feinde mit ihm Frieden machen.« Hier ist nicht – wie in Vers 9 – etwas Individuelles angesprochen, sondern die kommunikative Dimension, die das Zusammenleben in der Gemeinschaft im Auge hat. Oder anders ausgedrückt: Hier wird eine Antwort gegeben auf die Frage: Welche Folgen hat es, wenn ich selbst oder eine Gemeinschaft so lebt, so handelt, daß dies bei Gott Gefallen findet? Antwort: Dann erwachsen aus Feindschaften Friedensschlüsse, dann wandelt sich Mißtrauen in Vertrauen.

Hier könnte etwas angesprochen sein, was im Kleinen wie im Großen, im Privaten wie im Politischen von lebenerhaltender Bedeutung ist. Wenn meine Wege bei Gott Gefallen finden, dann tut das offensichtlich Wirkung selbst dem gegenüber, der vielleicht von Gott nichts weiß oder wissen will. Es beeindruckt ihn jedenfalls so wirksam, daß er seine Feindschaft

mir gegenüber nicht mehr als das einzige oder gar das probate Mittel sieht, mit mir zu verfahren.
Was könnte das für ein Weg sein, an dem Gott solch Gefallen findet und der zugleich meinen Gegner mir gegenüber aufgeschlossener macht? Pinchas Lapide spricht seit einiger Zeit von der im Alten Testament enthaltenen Möglichkeit, mein mit mir verfeindetes Gegenüber zu »entfeinden«.
Jesuanische Feindesliebe bedeutet nicht, »gute Miene zum bösen Spiel machen, indem man den Feind erträgt oder ihn sich durch Höflichkeiten vom Leib hält, sondern es geht um ein redliches Sich-Bemühen, ein Werben und Ringen um den anderen, auf daß er sich ändere, seinen Haß aufgebe und zum Bruder werde« (P. Lapide, Die Bergpredigt, 1982, S. 101).
Mir leuchtet ein, was mir neulich ein Psychologe und Mitchrist sagte. Sinngemäß meinte er: Den Feind will ich vernichten; den Gegner will ich besiegen; mit dem Partner will ich mich auseinandersetzen. So gelte es – im Kleinen wie im Großen – im bisher von mir oder anderen so genannten Feind oder Gegner den Partner zu sehen, mit dem sich auseinanderzusetzen lohnt.
Es sieht so aus, daß die gegenwärtige politische Großwetterlage von eben dieser Erkenntnis der Großmächte beeinflußt wird (ich schreibe diese Zeilen unmittelbar nach Gorbatschows Besuch bei Reagan, einem Besuch, der ganz offensichtlich der gegenseitigen Entfeindung diente. Interessante Schlagzeile von gestern: »Reagan und Gorbatschow waren beide Sieger«). Der polnische Philosoph Leszek Kolakowski formuliert: »Die religiöse Überlieferung, zumindest in unserem Kulturkreis, verlangt mehr als die bloße Forderung, auf Haß zu verzichten. Wir sollten überdies unseren Verfolgern Gutes erweisen, für unsere Feinde beten. Muß so ein naturvergewaltigender Anspruch als allgemein bindend gelten? Darauf kann man nur das Banalste sagen: Daß es nur sehr wenige gibt und je geben wird, die dieser Aufforderung wirklich gewachsen sind, ist sicher; auf den Schultern dieser Wenigen beruht aber das Gebäude unserer Zivilisation, und das geringe, wozu wir fähig sind, verdanken wir ihnen« (Rede in der Frankfurter Paulskirche am 16.10.1977).
Schließlich zum Thema »Führung oder Fügung« ein Bonhoefferzitat: »Nicht alle unsere Wünsche erfüllt Gott, aber alle seine Verheißungen«.

Epiphanias

Predigttext: Jesaja 60,1–6
Ulrike Schilling

Theologisch-homiletische Skizze

Der ganze Text ist Anrede: Anrede an Jerusalem und die dort lebende Gemeide der ersten Heimkehrer aus dem Exil, Anrede an uns, die Gemeinde heute. Gott kommt in die Welt, an einen historischen Ort, zu konkreten Menschen, in Jerusalem, in Bethlehem, im Gottesdienst am Epiphaniastag (oder am Sonntag danach) und am Ende der Zeit. Das Einzigartige in diesen Worten Tritojesajas liegt für mich in der Weise, wie Prophezeiung und Ereignis hier ineinanderwirken. In diesen Worten bricht sich Gottes Gegenwart Bahn, er selbst leuchtet auf – und die Welt wandelt sich in seinem Licht. Verheißung und Erfüllung ineinander verwoben, doch nicht ineinander aufgehend, bringen die Spannung in diesen Text, die auf uns überstrahlt und uns einspannt in diese neue Wirklichkeit. Das Licht, die Herrlichkeit Gottes setzt in Bewegung, zieht an, macht etwas mit uns – und anderen.

Daß diese Spannung und diese Bewegung die Gottesdienstbesucher am 6. Januar tatsächlich ergreift, so wie mich diese Worte Tritojesajas ergreifen, wünsche ich mir, und darauf richten sich meine Überlegungen und Konkretionen. Es ist ein Weihnachtsgottesdienst, auch wenn sicher längst nicht so viele Menschen in den Bankreihen der Kirche sitzen werden. Das kommt meinen Absichten für die Predigt durchaus entgegen. »Mache dich auf, werde licht«; »Hebe deine Augen auf und sieh umher«; »Dann wirst du deine Lust sehen und vor Freude strahlen und dein Herz wird erbeben und weit werden.« Ich denke, daß wir sitzend diesen Aufforderungen, dem Licht, das auf uns zustrahlt, kaum gerecht werden können. Ich möchte versuchen, behutsam, liebevoll, nicht Erschrecken auslösend, mit der Gemeinde diesen Bewegungen nachzugehen, sich mit dem Körper und den Gedanken aufzurichten und auszurichten auf das Licht, zueinander und zu uns selbst. Daß das Herz weit wird, weil Gott es weit macht, und daß es hier und jetzt geschehen kann und uns nicht läßt, wie wir sind, das ist das Ziel.

Diese Inanspruchnahme der Gemeinde wird unterschiedliche Reaktionen auslösen. Vorerfahrungen in dieser Richtung des leiblichen Erlebens von Bibeltexten gibt es durch Elemente der Weltgebetstagsgottesdienste, auch durch die Arbeit mit Gruppen wie den Konfirmanden und der Frauenhilfe. Ein weiterer Grund, den Predigttext auf diese Weise auszulegen, ist die Erfahrung der ›Gottesfinsternis‹ (Vers 2) im täglichen Leben, aber auch in der Gemeinde und im Krankenhaus, die sich in der Sehnsucht nach wirklichem Heil, nach Weihnachten heute, für mich, für die Welt, ausdrückt, aber auch im Kenntnismangel und dem Wunsch vieler Gemeindeglieder, mehr zu wissen und »Gott näher zu kommen«. Die inhaltliche Gliederung des Textes sieht deshalb so aus:

1. Wunsch nach dem wirklichen Weihnachten, nach der Erfahrung des »Gott kommt in die Welt« (Vers 2).
2. Gott leuchtet uns entgegen und will in uns seinen Widerschein finden (Vers 1).
3. Gott öffnet uns die Augen füreinander (Vers 4).
4. Sein Licht setzt alle anderen auch in Bewegung (Vision), d.h. der Weg der Menschen und Völker zueinander – hierin liegt die politische Dimension – geschieht als Weg zu Gott durch die Anziehungskraft des Lichtes (Verse 3,5).
5. Diese Bewegung bringt Lust und Freude und Erbeben des Herzens, ein Sichverschenken, das den Reichtum der Menschen und Völker offenbar macht (Verse 5,6).
6. Gott und Mensch sind vereint in seiner Herrlichkeit zu seinem Lob (Vers 6).

Neben der Exegese sind die homiletischen Überlegungen von Gottfried Voigt hilfreich (Homiletische Auslegung der Predigttexte, Reihe V: Die bessere Gerechtigkeit, Göttingen 1982, S. 82–89).

Vorschläge zur Liturgie

Lieder

Eingangslied EKG 48,1.3.4 / EKG 349,1–3; Wochenlied EKG 337,1–5; Predigtlied EKG 50 / Kanon »Mache dich auf und werde licht« (mit oder ohne Bewegungen. Er könnte vorher in den Gruppen und / oder zu Beginn des Gottesdienstes eingeübt werden.); Schlußlied EKG 336,2–4.

Gebete

Sündenbekenntnis: Gott, wir hören die Botschaft vom Frieden und Heil für alle Völker, wir hören die Verheißung vom Licht, das sich durchsetzen wird trotz aller Finsternis in dieser Welt. Doch es fällt uns schwer, dieser Botschaft zu trauen und dein Licht in uns und unser Leben einzulassen. Zu oft sind wir mit uns selbst beschäftigt und legen unser eigenes Maß an die anderen. Gott, wir bitten dich, vergib uns. Psalm 96 oder 138.

Bittruf / Lobpreis

Wir suchen Gott, immer von neuem, ein Leben lang. In der Finsternis schauen wir aus nach Licht. Wir rufen: Herre Gott, erbarme dich ... Wir würden Gott nicht suchen, wenn er uns nicht gefunden hätte in Jesus, seinem Sohn. Er ist das Licht. Im Blick auf ihn können wir singen: Ehre sei Gott ... (EKKW, Agende I, Ergänzungen 2.1.2)

Eingangsgebet

Gott, wir danken dir. Im Stern von Bethlehem leuchtest du uns entgegen. Laß uns deine Strahlen spüren und sie durch uns hindurchstrahlen, daß wir uns und einander in deinem Licht neu erkennen. Bewege uns in Leib und Seele, nimm uns hinein in deine Geschichte mit der Welt, der du Mensch geworden bist in Jesus Christus, dem Licht der Welt.

Lesung
Alternativen zu Mt. 2,1–12: Eph. 5,8–14; Mt. 5,14–16.

Gebet
Gott, in all deiner Schönheit, Freundlichkeit, Wärme und Liebe kommst du uns entgegen. Alles bietest du auf, um in unseren Herzen Wohnung zu nehmen. Unseren Leib und unsere Seele, ja die ganze Welt willst du in Bewegung setzen, in die Bewegung hin zu dir. Dein Licht will alle Finsternis vertreiben, alles, was uns, deine Gemeinde und die Völker von dir trennt. Dein Licht, deine Herrlichkeit allein hat diese Kraft. Wir könnten uns nicht aufmachen zu dir, wenn dein Licht uns nicht schon angezündet hätte, wie die Hirten, wie die drei Weisen. Gott, dein Licht verändert unseren Blick. Es läßt uns die Schönheit und den Reichtum sehen, den du in uns und deiner Welt angelegt hast. Gott, manchmal erbebt unser Herz und wird weit, und wir fließen über vor Freude und Lust. Dafür danken wir dir. Wir bitten dich, laß dein Licht mit in unseren Alltag gehen, auch wenn Weihnachten vorbei ist. Wir bitten dich, daß dein Licht unsere Grenzen verschiebt und uns immer mehr öffnet, aufeinander zu und miteinander zu dir. Laß uns entdecken, wo dein Licht schon längst am Brennen ist, auch wenn es uns unbequem sein mag. Laß uns mit den anderen Völkern zusammen den Weg aus unserem Dunkel in deine Herrlichkeit finden.

Predigt
(Mit der Einleitung möchte ich auf das Epiphaniasfest Bezug nehmen und von da aus zum Predigttext überleiten.)
Liebe Gemeinde! Wir feiern heute noch einmal Weihnachten. Haben Sie daran gedacht, als Sie sich heute am Epiphaniastag auf den Weg zur Kirche gemacht haben? In manchen Gegenden in Deutschland hat dieser Tag seine ganz besondere Bedeutung; bei uns – und da schließe ich mich ein – markiert der 6. Januar eher den Abschluß der Weihnachtszeit. Wieder einmal ist Weihnachten vorbei. Bald werden die Weihnachtsbäume abgeholt, und die Schule fängt auch wieder an. Und was bleibt? Was hat uns bewegt in diesen Tagen? Hat das Kind in der Krippe uns erreicht? Oder ist der Abstand zu groß von der Krippe zu unseren Häusern, vom Fest zum Alltag, von Gott zu uns?
Lassen Sie uns heute noch einmal Weihnachten feiern. So, wie wir sind heute morgen. Den Anfang haben Sie selbst getan, als Sie sich hierher auf den Weg gemacht haben. »Da machte sich auf auch Josef aus Galiläa« – so fängt es an. Und wenn Sie jetzt wie gewohnt zum Predigttext aufstehen, lassen Sie die Jesajaworte ganz persönlich für Sie selbst gesprochen

sein. Auch ihr Konfirmanden, stellt euch so hin, wie ihr steht, wenn jemand mit euch spricht. Nach dem Text möchte ich euch und Sie bitten, ausnahmsweise einmal stehenzubleiben. Lesung. –

(Das folgende Nacherleben der Jesajaworte ist ausführlicher geraten als zunächst beabsichtigt. Die Bewegungsanweisungen brauchen mehr und frei gesprochene Worte je nach Gottesdienstsituation. Wem die Bewegungen nicht zusagen, der/die kann m.E. das in dem Text sich Ereignende auch in Worten anklingen lassen.)

Merken Sie, daß in diesem Text sehr viel geschieht, sehr viel in Bewegung gerät? Daß wir selbst in diese Bewegung eingespannt werden sollen, vielmehr einfach eingespannt werden? »Mache dich auf, werde licht; denn dein Licht kommt.« Wir werden angeredet, und es wird etwas von uns erwartet. Ich habe Sie deshalb gebeten stehenzubleiben, damit wir diese Worte, das, was hier geschieht und mit uns geschehen will, nicht einfach über uns ergehen lassen, sondern daß wir uns diesem Text einmal im wahrsten Sinne des Wortes stellen. Daß wir versuchen, dem, was uns meint und uns bewegen will, nachzuspüren. Vielleicht gerät in uns dadurch tatsächlich etwas in Bewegung. Vielleicht fällt es manchen von Ihnen auch schwer, sich darauf einzulassen. Machen Sie soweit mit, wie Sie können und wollen. (Anweisungen, sich etwas Platz zu suchen mit Bewegungsfreiheit für die Arme.)

»Mache dich auf, werde licht; denn dein Licht kommt.« Sich aufmachen und sitzen bleiben geht schlecht. Dann wären Maria und Josef nie nach Bethlehem gekommen. Dann hätten auch die drei Weisen den Stall nie gefunden. Dann wären Sie, dann wärt ihr jetzt nicht hier. Sich aufmachen ist einmal eine äußere Bewegung. Welche Geste läßt sich dafür finden? (Öffnen der Arme, Handflächen nach außen; den Kopf aufrichten auf ein Ziel hin, zum Stern, zum Licht; sich so hinstellen, daß wir sicher stehen, aufrecht, daß wir gleich losgehen könnten.) Sich aufmachen hat auch eine innere Seite. Spüren Sie/spürt einmal nach, wie es ist, sich innen aufzumachen. Was geschieht da? (Vielleicht wird die Brust weiter, bewegt sich im Herzen etwas, geht der Atem anders.) »Mache dich auf, werde licht ...«, versuchen Sie einmal beides zusammen nachzuvollziehen: licht werden, das Düstere abstreifen, fallenlassen wie eine Hülle; licht werden, das kann man uns ablesen im Gesicht, in den Augen; licht werden macht uns schön. Und warum das alles? »Mache dich auf, werde licht; denn dein Licht kommt, und die Herrlichkeit des Herrn geht auf über dir. Denn siehe, Finsternis bedeckt das Erdreich und Dunkel die Völker; aber über dir geht auf der Herr und seine Herrlichkeit erscheint über dir.« Gott kommt auf uns zu, wärmer, strahlender als der schönste Sonnenaufgang. Von uns erwartet er die Haltung, in der wir ihn am besten empfangen können. Unvorbereitet zu sein ist ihm nicht angemessen. So empfangen wir auch keine Gäste, die ihren Besuch angemeldet haben. Stellen wir uns noch einmal so hin, wie wir dieses Licht, Gott selbst empfangen möchten: aufrecht, offen, licht, schön. Dazu können wir ein einladende Geste machen (ausprobieren). Merken Sie, wie wichtig Gott uns nimmt, jeden einzelnen, jede einzelne von uns? »Aber über dir geht auf der Herr, und seine Herrlichkeit erscheint über dir.« Hierzu können wir mit den Armen eine große Kreisbewegung beschreiben.

Gott kommt auf uns zu, wärmer, strahlender als der schönste Sonnenaufgang. Gott kommt zu uns in die Welt, das Licht in die Finsternis. Das ist Weihnachten, genau das, was wir eben mit Leib und Herz und Seele versucht haben zu erspüren. Wir stehen im Licht vor Gott. Gottes Licht umfängt uns und will in uns seinen Widerschein finden. Das ist das eine.

Doch nicht nur wir als einzelne stehen im Licht. »Hebe deine Augen auf und sieh umher: Diese alle sind versammelt und kommen zu dir.« Auch das tun wir sonst nicht im Gottesdienst, wozu ich Sie jetzt ermuntern möchte, sich einmal ungeniert umzuschauen, wer heute morgen alles mit uns im Licht steht, im Licht Gottes, hier, wo Gott Wohnung nehmen will. Wir können uns zunicken, grüßen und uns aneinander freuen. Wir alle stehen gemeinsam im Licht vor Gott. Sich für Gott zu öffnen, bringt es einfach mit sich, daß wir uns hier begegnen. »Dann wirst du deine Lust sehen und vor Freude strahlen, und dein Herz wird erbeben und weit werden.« Das ist Weihnachtsfreude. Auch sie geht durch Seele und Leib. Gott kommt zu uns, wir begegnen einander in seinem Licht, und dieses Licht will und wird einmal die Welt und alle Menschen in seine Strahlen ziehen.

Nehmen Sie jetzt bitte wieder Platz! Ich hoffe, daß ich Sie und euch mit dem Stehen nicht zu sehr strapaziert habe!

(Eine Alternative, um die Inanspruchnahme Gottes in Vers 1 deutlich werden zu lassen, bietet das Geschehen der Schwangerschaft.)

»Mache dich auf, werde licht; denn dein Licht kommt.« Fällt euch, fällt Ihnen eine Situation ein, in der das geschieht? Eine Lebenssituation, die uns einspannt, bewegt, verändert, ohne daß zunächst für andere der Anlaß sichtbar ist? Viele von Ihnen haben diese Situation am eigenen Leib durchlebt; ihr Konfirmanden werdet sie erleben, an euch selbst oder bei anderen. Stellt euch einmal vor, wie es war, als eure Eltern gemerkt haben, daß sie ein Kind erwarteten, wie es war, als ihr, langsam aber unaufhaltsam, in eurer Mutter gewachsen seid, neun lange Monate, bis eure Eltern euch im Arm hielten. Fragt ruhig mal nach zu Hause!

Sie werden sich erinnern, wie Sie sich verändert haben in der Zeit der Schwangerschaft als Mutter und Vater. Gerade wenn Eltern lange auf ein Kind gewartet haben, werden sie ihre Freude nicht zurückhalten. Es kann sein, daß die Frau aufblüht und wirklich von innen heraus zu strahlen beginnt. »Mache dich auf, werde licht; denn dein Licht kommt.« Genauso ist Gott Mensch geworden. So und nicht anders. Maria, eine Frau, hat Gott in ihrem Leib ausgetragen. Und so, unseren Leib und unsere Seele in Anspruch nehmend, will Gott durch uns und mit uns hier in der Welt lebendig sein. Wo Gott zur Welt kommt, wird es Weihnachten.

Zu unserem Jesajawort paßt ein Bild. Ein Bild von Maria, wie sie auf vielen Altären oder als geschnitzte Figur dargestellt ist: Maria im Strahlenkranz. Maria, licht und schön, im Lichtschein Gottes. Ganz umfangen von ihm, hineingewoben in Gottes Weg zur Welt. »Über dir geht auf der Herr, und seine Herrlichkeit erscheint über dir.« Was Maria durchlebt hat, will Gott mit jedem einzelnen, jeder einzelnen von uns auf eigene Weise.

(In Durchführung und Schluß soll der Jesajatext gerade auch in seiner eschatologischen Dimension im Rahmen der Geschichte Gottes mit der Welt und unserem Ort darin in der ihm immanenten Kraft des Evangeliums zur Geltung kommen.)

Vielleicht haben Sie sich zwischendurch gefragt: Sind wir denn tatsächlich diejenigen, die Jesaja hier anredet? Wir wären nicht gemeint, wenn Gottes Kommen in die Welt nicht schon eine lange und große Geschichte hätte. »Und es ward Licht.« Das ist Gottes Anfang mit der Schöpfung. Daß Gott ihnen und seiner Stadt wieder Leben und Zukunft schenken will, das haben die ersten Heimkehrer aus Babylon, die sich mühsam im zerstörten Jerusalem ihre Behausungen aufgebaut hatten, wohl kaum für möglich gehalten. Sie nämlich waren die ersten, denen Jesajas Worte galten. Im Kind in der Krippe das Licht der Welt? Die, die sich aufgemacht haben, dem Licht entgegen, die haben es erfahren und weitergegeben bis zu uns. Daß Gott zu uns kommen will, ja zu uns kommt und uns hineinnehmen will in die Wärme seines Lichtes, das anzunehmen fällt uns gar nicht so leicht. Und doch sind wir unverzichtbare Glieder dieser Geschichte Gottes in der Welt. Denn eine große Zukunft, seine große Zukunft liegt noch vor uns.

In einer Vision hat Jesaja diese Zukunft hier vor Augen. In dieser Zukunft geht es ums Ganze. Um alle Völker, um alle Welt. Gottes Licht wird sie alle in Bewegung setzen, hin zum Licht und damit – das haben wir eben hier im kleinen erlebt – hin zueinander. Angezogen vom Licht, auf dem Weg zu Gott werden die Völker sich begegnen. Der Weg zu Gott ist der Weg zueinander. Diesen Weg zum Frieden finde ich faszinierend. Solange nur die eigenen Interessen die Verträge der Völker beherrschen, sei es in der EG, sei es in der Schuldendebatte der sogenannten Entwicklungsländer, sei es in den Verhandlungen um Waffenstillstände oder um die Begrenzung der Rüstung – solange die eigenen Interessen im Vordergrund stehen, kann es nicht zu dauerhaften und tragfähigen Lösungen kommen. Der Weg zu Gott ist der Weg der Völker zueinander. Mir scheint, daß dieser Gedanke ganz allmählich tatsächlich die Köpfe und Herzen mancher

Verhandlungspartner ergreift. Es ist Gott selbst, der diesen Gedanken entzündet mit seinem Licht, Gott, der Mensch geworden ist, Gott, der in seiner Welt Wohnung nehmen will.
Angezogen vom Licht, ja im Licht Gottes werden die Völker sich begegnen. Dann wird sie dasein, die Lust und die Freude, und die Herzen werden erbeben und weit werden. Denn im Licht Gottes werden wir die anderen mit ganz neuen Augen sehen. Das Licht Gottes läßt uns über den Reichtum der anderen staunen. Es macht unsere Schätze und die Schätze der anderen frei und sichtbar. Im Licht Gottes werden wir uns gegenseitig schätzen lernen. »Sie werden aus Saba alle kommen, Gold und Weihrauch bringen und des Herrn Lob verkündigen.« So sagt es Jesaja. Wie die drei Weisen werden alle ihre Schätze mitbringen. Und im Licht Gottes werden wir gar nicht anders können, als sie zu verschenken, als uns zu verschenken.
Wo Gottes Licht und Herrlichkeit aufgeht, da wird es Weihnachten. Heute morgen will dieses Licht von uns empfangen werden. »Mache dich auf, werde licht; denn dein Licht kommt, und die Herrlichkeit des Herrn geht auf über dir!«

Kontexte

Ende der Nacht
unmerklich fast, dem abgestumpften Sinn verschleiert,
so kündigt sich das Große an,
berührt, ein zartes Ahnen erst, die wache Seele,
und vor der Dämmerfurche noch am Horizont
entsiegelt es die kleine Vogelkehle.

Auf unserm dunklen Sterne sind wir nun
dem Lebensschimmer wieder zugewandt,
der uns im riesenhaften Raum
an jedem Tage auferstehen läßt.
Den Himmel haucht er rosenblättrig an,
spannt Purpursegel aus und taucht den Horizont in Feuer.

Dann zeigt sich frei das wundervolle Licht
und nimmt uns, die wir sonst verloren wären,
ins warme Leuchten seiner Sternenbahn.
(Christa Peikert-Flaspöhler, in: ferment 1/84)

Ein Yogi, so heißt es, verließ seinen Ashram, um in einer Berghöhle zu meditieren. Jeden Morgen ging er dorthin, denn in der Höhle war es ruhig und kühl. An jenem Morgen aber, als sein Geist leuchtend in der Meditation geworden war, geschah etwas Schreckliches. Ein Erdrutsch verschüttete den Eingang der Höhle, und der

Yogi war darin eingeschlossen. Er fiel aus seiner Meditation, zerstört war der Frieden seines Geistes. In der Finsternis saß er, erschrocken über sein plötzliches Schicksal. Er tastete sich zu den Felsbrocken am Eingang vor, doch sie saßen fest, als hätten sie immer dort gelegen. Kein Rütteln und Stoßen konnte sie verrücken. Erschöpft gab er auf und setzte sich auf den Boden; er war innerlich wie erstarrt. Wo in dieser Dunkelheit ist Gott? Der Yogi schien mit der Dunkelheit der Höhle zu verschmelzen. Die ganze Welt, alles was besteht, war finster. Da war kein Licht.
Es verging eine Zeit, niemand weiß, wie lang, nichts geschah, der Yogi hörte nur seinen Atem. Aus der Dunkelheit kam die Verzweiflung über ihn.
In dieser Verzweiflung spürte er plötzlich einen Lufthauch. Er wehte leicht um seinen Körper. Woher kam er? Der Yogi stand auf und wandte sich nach allen Seiten, doch konnte die Richtung nicht feststellen. Wenn Luft weht, muß es eine Öffnung geben, dachte er und begann im Finstern nach den Wänden der Höhle zu tasten. Er stolperte und kletterte in eine Richtung, doch fand keine Wand, und in eine andere, und fand keine Wand. Dann schritt er langsam, mit den Armen nach vorn ausgestreckt, in die Tiefe der Höhle. Niemals hatte er geahnt, wie groß die Höhle ist; wie eine Halle, wie ein Dom! Er spürte, wie der Boden anstieg, bald kletterte er von Stein zu Stein höher hinauf. Nur manchmal hielt er an und versicherte sich des Lufthauchs, der kräftiger blies, je höher er stieg.
Und dann sah er Licht. Er erblickte den Weg vor sich, und alles war einfach. Lang noch hat er höher, immer höher klettern müssen, doch als er aus der Öffnung ans Tageslicht trat, fand er sich auf dem Gipfel des Berges wieder. Über ihm blitzte die Sonne des Mittags, und zu allen Seiten streckte sich endlos weit Land aus, herrlich anzuschauen. Der Yogi erstaunte und rief hinunter in die Täler und hinauf in die blaue Luft, wie großartig Gott sei.

Text: Jes. 60,1 – Melodie: Jesus-Bruderschaft Gnadenthal
aus: Mosaik 1 - 4

Harmonien: C Dm / G C / /

1. Sonntag nach Epiphanias

Predigttext: Johannes 1,29–34
Hans Reinhard Rapp

Homiletisch-theologische Skizze

Der Predigttext enthält zwei Schwerpunkte. Er sagt, wer Jesus ist und was Jesus tut. Jesus wird also definiert; nicht in Begriffen, sondern in Bildern. Er ist Gottes Lamm und Gottes Sohn. Er trägt die Sünde der Welt. Das ist seine Tat. Noch ein weiteres Bild sagt aus, woran denn Jesus als der Sohn Gottes zu erkennen ist: »Auf wen du den Geist herabkommen und auf ihm bleiben siehst, der ist es, der mit dem Heiligen Geist tauft.«

Im weiteren Textzusammenhang geht es auch um eine Definition des Täufers Johannes. Dabei zeigt sich, daß er sich in das Vorverständnis der Priester und Leviten, die ihn aufsuchen, nicht einordnen läßt. Er ist weder der Messias noch »der Prophet« oder Elia. Er ist die Stimme des Rufers in der Wüste (Joh. 1,19–28).

In welchem Verhältnis steht Johannes zu Jesus? Um diese Frage geht es zu Beginn des Johannesevangeliums. Da Jesus, historisch gesehen, wahrscheinlich aus dem Jüngerkreis um Johannes hervorgegangen ist, war eine Klärung notwendig. In den Evangelien ist sie erfolgt, eindeutig und einstimmig: Johannes ist der Prophet, Jesus ist der Sohn, Johannes ist der Zeuge, Jesus der Bezeugte, Johannes tauft mit Wasser, Jesus mit dem Geist. Das gibt der Gestalt des Johannes einen eigenen Rang. Er ist nicht der zweite Mann hinter Jesus, nicht der abgeschlagene Konkurrent, sondern der Zeuge, so, wie ihn z.B. Matthias Grünewald dargestellt hat auf dem Isenheimer Altar. Johannes zeigt auf Jesus: Dieser ist es, nicht dieser und jener. Der Fingerzeig des Johannes ist eindeutig, auch im Predigttext.

Dieser Text ist für uns Prediger schwierig, weil er Jesus keinen aktuellen Nutzwert beimißt. Ein Jesus, der Gottes Sohn ist und die Sünde der Welt trägt, läßt sich nicht instrumentalisieren, läßt sich also nicht in unsere aktuellen theologischen Konzepte einbauen. Am Einsatz der Kirche für Frieden und Gerechtigkeit, für Randgruppen, für Verfolgte und Gefangene gemessen ist ein Gottessohn, der die Sünde der Welt trägt, nutzlos. Eben darum aber wird die Predigt sich auf das Bild eines jenseits von Nutz und Frommen stehenden Jesus einlassen und zeigen, daß Jesus vor und außerhalb aller aktuellen Verwendungen glaubwürdig ist.

Vorschläge zur Liturgie

Begrüßung

Wo eine Begrüßung üblich ist, kann sie zunächst die Kirchenjahreszeit, dann den Sonntag selbst charakterisieren. Die Epiphaniaszeit steht im Schatten anderer Kirchenjahreszeiten. Advent, Weihnachten, Passion, Ostern und Pfingsten sind bekannte Daten. Aber was bedeutet Epiphanias? Es zeigt uns Jesus als das Licht der Welt, freilich auch als das Licht, das von der Finsternis (der Welt) nicht verstanden und wahrgenommen wird. Somit ist die Überleitung zur Passionszeit schon vorgegeben.
Der Sonntag steht im Zeichen der Taufe Jesu und der Verleihung des Geistes. Was bewirkt der Geist? Nach Luther erleuchtet er uns mit seinen Gaben und erhält uns im Glauben, ein Gedanke, der auch in der Predigt wieder auftauchen wird.
Die Begrüßung kann mit dem Psalmvers Ps. 143,10 abgeschlossen werden: »Lehre mich tun nach deinem Wohlgefallen, denn du bist mein Gott. Dein guter Geist führe mich auf ebener Bahn.«

Lesungen

Wo zwei Lesungen (Epistel und Evangelium) üblich sind, ist der Evangelientext vorgegeben: Die Taufe Jesu im Jordan, Matth. 3,13–17. Als Epistel legt sich die Lesung aus dem Alten Testament nahe (Jes. 42,1–4), weil sich der »Knecht Gottes« mit dem Gotteslamm des Predigttextes in Verbindung bringen läßt. Wird nur eine Lesung gehalten, so kann der alttestamentliche Text um die Verse 5–9 erweitert werden (das eingeklammerte Stück in der lutherischen Agende).

Lieder

Als Wochenlied werden vorgeschlagen: Nr. 47 EKG (O süßer Herre Jesu Christ) und Nr. 337 EKG (Du höchstes Licht, ewiger Schein ...). Die Melodie des Liedes Nr. 47 ist wenig bekannt, aber gut zu singen und kann eventuell mit der Gemeinde eingeübt werden. Das Lied Nr. 50 EKG kann als Rahmen für die Predigt dienen, wenn vor der Predigt Vers 1–4 und als Kanzelvers Verse 5 und 6 gesungen werden. Zum Eingang eignet sich Nr. 340 EKG (O Christe, Morgensterne) oder 349 EKG (Morgenglanz der Ewigkeit).

Kollektengebet

Unser Gott, du wohnst in einem Licht, das unserem Blick verborgen ist. Doch hast du Jesus Christus, deinen Sohn, zum Licht dieser Welt gemacht. In diesem Licht laß uns unser Leben sehen, damit wir dankbar werden und glauben können. Komm zu uns mit deinem Geist, den du uns zugesagt hast, damit er uns erleuchte und erfreue und damit wir den Weg finden, der zu dir führt. Amen.

Gebet nach der Predigt

Gott und Vater, du bist uns menschlich begegnet in Jesus Christus; laß uns füreinander dasein und miteinander das Hilfreiche suchen: für Ehepaare, Eltern und Kinder, für Schüler und Lehrer, für unsere Mitbürger, für Junge und Alte, für die Kranken und Einsamen:
Weil Jesus unser Helfer ist.
Laßt uns beten für die, mit denen zusammen wir an dich glauben, für die Nachbargemeinden, für die Mitarbeiter, und laßt uns beten auch für alle, die es schwer haben mit dem Glauben, und die Anstoß nehmen an der Kirche. Sende uns deinen guten Geist:
Weil Jesus unser Bruder ist.
Laßt uns beten für diesen Ort, für unser Land, für diese Welt. Erleuchte mit guten Gedanken alle, die öffentliche Verantwortung haben, damit Recht gewahrt, Freiheit erhalten und Frieden gestiftet wird:
Weil Jesus das Licht der Welt ist.
Durch dich, Gott, haben wir das Leben. Dafür danken wir dir. Im Namen Jesu vertrauen wir darauf, daß du uns gibst, was gut für uns ist. Amen.

Vorschläge zur Predigt

Es legt sich nahe, die beiden Aussagenschwerpunkte des Predigttextes auch zur Einteilung der Predigt heranzuziehen: Was tut Jesus? und: Wer ist Jesus? Der Anfang der Predigt kann anknüpfen an die vielfach variierten »Steckbriefe« über Jesus:

Möglicher Anfang

»Liebe Gemeinde! – Kürzlich haben unsere Konfirmanden einen Steckbrief gezeichnet. Einen Steckbrief über Jesus! Kurz und genau sollte der Steckbrief sein. Alle wesentlichen Eigenschaften Jesu sollte er enthalten, damit jeder ihn sofort erkennen könnte. Die Jungen und Mädchen machten sich ans Werk. Zunächst zeichneten sie einen bärtigen Mann. Dann folgten Angaben zur Person. Alter: Etwa 30 Jahre. Beruf: Zimmermann. Heimatort: Nazareth. Augenblicklicher Aufenthalt: Wechselnd; kein fester Wohnsitz. Beschäftigung: Wanderprediger, Wunderheiler. Umgang: Wird häufig in Gesellschaft von ungesetzlichen Leuten gesehen, von Zöllnern und anderen Personen mit schlechtem Ruf. Besondere Kennzeichen: Führt aufrührerische Reden, verwickelt sich in Streitgespräche mit Schriftgelehrten und Pharisäern. Sonstige Merkmale: Hat zwölf Anhänger, die z.T. ihren Beruf aufgegeben haben.
Zwei Merkmale fehlen noch. Die gehören dazu. Hier sind sie: Er vergibt Sünden. Er gilt manchen als Gottes Sohn. Für Johannes den Täufer sind

diese beiden Merkmale die wichtigsten. Johannes hat uns auch eine Personenbeschreibung gegeben. Wir haben sie gehört. Sie soll noch einmal wiederholt werden: Jesus ist Gottes Lamm, das der Welt Sünde trägt. Obwohl er nach mir kommt, war er schon vor mir da. Ich kannte ihn nicht, aber ich mache ihn bekannt durch meine Wassertaufe. Er wird mit dem Geist taufen. Denn Gottes Geist ruht auf ihm. Wie eine Taube vom Himmel kommt, so ließ sich der Geist auf ihm nieder. Das ist für mich das entscheidende Merkmal: Er ist Gottes Sohn.
Wir merken: Das ist etwas ganz anderes als der Steckbrief, den die Konfirmanden geschrieben haben. Der Steckbrief enthält lauter Fakten. Die lassen sich aus den Erzählungen der Evangelisten herauslesen, bis auf das Bild, das die Konfirmanden aus ihrer Phantasie gezeichnet haben. Aber das andere stimmt: Heimatort, Beruf, Umgang, Zahl der Jünger.
Johannes der Täufer dagegen läßt die handgreiflichen Tatsachen weg. Seine Beschreibung macht das Geheimnis um Jesus nicht kleiner, sondern größer. Wie ein Orakelspruch hört es sich an: Der nach mir kommt, war vor mir da. Und trotzdem ist das Zeugnis des Johannes ganz eindeutig: Dieser ist es. Das ist Gottes Sohn. Der hat den Geist. Der trägt die Sünden der Welt .... .«

Zum weiteren Verlauf

Die Predigt kann jetzt die Gemeinde heranführen an die Besonderheit des johanneischen Jesusbildes. »Johanneisch« – das kann sich auf Johannes den Täufer und auf den Evangelisten Johannes beziehen. Beide haben das gleiche Jesusbild. Es ist – paradox zu sagen – ein unsichtbares Bild. Daß Jesus Gottes Sohn ist, läßt sich an äußeren Merkmalen nicht dingfest machen, der Steckbrief beweist hier gar nichts. Auch die andere Aussage: »Das Lamm Gottes, das der Welt Sünde trägt« ist am Erscheinungsbild Jesu nicht abzulesen. Daß er der Sohn ist und die Sünde trägt, kann nur der sehen, der ihn wirklich kennt.
»Es ist so wie bei einem Menschen, den wir sehr lieben und dem wir vertrauen. Seine allgemeinen Merkmale, sein Alter, sein Beruf und manche Eigenheiten sind bekannt, auch bei anderen. Aber was er uns bedeutet, das wissen nur wir selbst. Wir kennen sein Wesen, nicht nur sein Äußeres. Ein solches inneres Bild von Jesus zeichnet uns Johannes. Er zeichnet ihn mit dem Blick des Glaubens. Andere sehen in ihm einen Lehrer, einen Propheten, einen Rebellen, einen Revolutionär. Er sieht in ihm das Bild Gottes, der anschaulich wird in seinem Sohn. Andere sehen in Jesus den Wanderprediger, der überall für Aufsehen sorgt, der frei umgeht mit dem Sabbatgebot, der den Tempel reinigt und die Kranken heilt. Er sieht in ihm den Menschen, der etwas trägt, was ihm keiner sonst abnehmem kann: Die Sünde der Welt ... «.

In dem Bild vom Lamm Gottes steckt eine doppelte Anspielung: Auf das Passalamm und auf den »Sündenbock«, der am Versöhnungstag symbolisch mit den Sünden des Volkes beladen und in die Wüste geschickt wurde. Für die Predigt ergibt sich aus dem letzteren Bild ein aktueller Bezug. Das Sühneritual der Israeliten bedeutete, daß die Sünden nun wirklich fort waren, vergeben und vergessen, nicht noch aufbewahrt in irgend einem Schlupfwinkel. Uns mag der Sündenbock leid tun, das arme Tier, das für die Sünden der Menschen nun wirklich nichts konnte und doch in der Wüste umkam. Für die Gemeinde Israels bedeutete dieser Vorgang etwas anderes: So gewiß der Sündenbock nicht zurückkehrt, so gewiß sind auch für Gott die Sünden des Volkes ausgelöscht, der Weg zur Versöhnung ist frei.

Wir haben heute ein solches gemeinsames Ritual nicht mehr, und darum haben wir so große Mühe mit den Sünden der Vergangenheit. Sie zu verleugnen ist unwahrhaftig, sie zu verdrängen ist feige, sie zu bekennen, setzt einen demütigen Hörer voraus, der frei ist von Selbstgerechtigkeit.

Im Bild vom »Lamm Gottes« wird deutlich, was Jesus mit der Sünde der Welt tut: Er trägt sie fort. Die »Sünde der Welt«, das bedeutet: Es gibt keine Sünde, die größer ist als die Tragkraft Jesu. In seinem Namen kann wirklich jede, auch die größte Sünde vergeben und vergessen werden, – ja, auch vergessen kann werden, was gewesen ist, denn die Formel: »Vergeben will ich wohl, aber vergessen nie« ist eine gemischte Botschaft, die das Geschehene im Versteck des Gedächtnisses speichert, um es gegebenenfalls wieder hervorzuholen und gegen den Sünder auszuspielen.

Das Bild des Sohnes kann nun aufgenommen werden durch den Gedanken der Versöhnung. Jesus wird der Sohn genannt, weil er versöhnt ist mit Gott und uns zu Söhnen und Töchtern Gottes macht.

»In dem Bild, das uns Johannes von Jesus zeichnet, erkennen wir, was ihm am wichtigsten ist: daß wir versöhnt sind mit Gott, der Sünden vergibt und alter Schuld nicht mehr gedenkt. Und was Gott an uns tut, das laßt uns auch untereinander tun. Denn so wird bei uns wahr, was uns Johannes an Jesus zeigt.« Mit diesem Gedanken kann die Predigt abschließen.

Alternativen

Der Predigttext ist theologisch sehr dicht und themenreich. Er spricht die Präexistenz Christi ebenso an wie die Taufe und den Geistbesitz. Die Predigt kann vor Überladung nur durch bewußte Abblendung auf einen Themenbereich geschützt werden. Bei gleichem Predigtanfang kann auch der auf Jesus ruhende Geist zum Hauptthema werden. Dann ist das von Johannes entworfene Bild Jesu das »im Geist« geschaute Bild. Was das bedeutet, kann von Luthers Erklärung zum III. Artikel aus nahegebracht werden.

Ebenso kann die Predigt die Taufe zum Schwerpunkt machen. Dann ändert sich der Anfang. Ich würde in diesem Fall mit einem mich besonders bewegenden Tauferlebnis beginnen und mich in der Predigt hüten vor theologischen Konstruktionen, die das Sinnliche der Taufe ins Abstrakte verkehren, womöglich noch verbunden mit Warnungen vor allen möglichen Mißdeutungen. Sakramentale Handlungen lassen sich nicht vollständig verbalisieren und werden auch nicht in erster Linie durch theologisches Erklären begiffen. Eine Taufpredigt würde natürlich am besten interpretiert durch eine im Gottesdienst geschehene Taufe. So kämen Wort und Sakrament am besten zusammen.

Kontexte

»... Hatte sich zuvor unter den Tausenden nur der lehmige Fluß der Erde geöffnet, so öffnet sich jetzt über dem Einen der Himmel. Und wie er da heraufsteigt, kommt die Taube aus dem geöffneten Himmel auf ihn nieder. Nun ist der Himmel wieder offen, der so lange verschlossene! Die Erde hat den Himmel wieder und Geburt aus dem Himmel ist wieder möglich ...

Taufe ist Zeugung und Geburt. Und Christustaufe ist Geburt aus dem Himmel. Die Erde geht jetzt wieder mit dem Himmel schwanger. Das Fleisch mit dem Geist. Der Alte Adam mit der neuen Kreatur. Der irdische Mensch wird Mutter des himmlischen. So liegen jetzt Erde und Himmel, Mensch und Gott durch den Sohn ineinander wie die Frucht im Schoß ...

Unter dem Wasser taucht er hervor unter dem geöffneten Himmel herauf, über sich die Taube, schneeweiß, mit Füßchen feurigrot von Glut. Nicht gesehen, schießt aus der Tiefe herauf zugleich das andere Flügeltier, der Drache, mächtig, mit seinem Schweif ein Dritteil der Sterne vom Himmel zu fegen. In einer doppelten Epiphanie begegnen sich Himmel und Hölle.«

(Paul Schütz, Das Evangelium, Hamburg 1977, S. 171, 181)

Letzter Sonntag nach Epiphanias

Predigttext: Johannes 12,34–36(37–41)

Wolfgang Herrmann

Theologisch-homiletische Skizze

Eine höchst unglücklich geschnittene Perikope! Die Antwort Jesu in Vers 35 bezieht sich nicht direkt auf die Frage des Volkes; und der zweite Teil der Perikope (Verse 37–41) behandelt mit dem Rückgriff auf die jesajanische Verstockungstheologie und im Blick auf den johanneischen Antijudaismus ein vertracktes Thema. Wer darüber nicht eine eigene, theologisch gewichtige Predigt halten will, soll – und so wird hier im folgenden verfahren – diesen zweiten Teil der Perikope auf sich beruhen lassen und ihn weder verlesen noch auslegen.

Bleiben die ersten drei Verse: eine chiliastische Messiaserwartung wird abgelehnt; und diejenigen, die dem nachfolgen, der »erhöht«, d.h. gekreuzigt werden wird, sollen in der Finsternis der Welt zu Kindern des Lichtes werden, weil und solange das Licht (Jesus) bei ihnen ist.

Der Gottesdienst beschließt die Epiphaniaszeit, letzlich also den großen Bogen, der vom ersten Adventslicht über die weihnachtliche Lichterfülle und das Geheimnis der Epiphanie bis an die Verfinsterungen der dann beginnenden Passionszeit führt. – Erst im Osterlicht wird das Lichtmotiv wieder aufleben, auferstehen.

Für das Johannesevangelium ist *Licht* ein zentrales Thema und Motiv, vom ersten Kapitel an – das auf die Schöpfungsgeschichte der Genesis rückverweist. In der Lichtrede (8,12ff.) bezeichnet sich Jesus selbst als Licht der Welt. (R. Bultmann hat in seinem Kommentar zum Joh.ev. Joh.12,34–36a hinter Joh. 8,29 eingeordnet, um eine ursprüngliche »Lichtrede« zu rekonstruieren.)

Die Lesungen des Sonntags sprechen ebenfalls von Licht und Epiphanie: Ex. 3,1ff. erinnert an die Licht-Offenbarung Jahwes (und an Mose, der, nach dem Empfang des Dekalogs vom Berge kommend, selbst zum »Kind des Lichtes« geworden war). Während der Episteltext (2. Kor. 4,6–10) schon auf die Passionszeit vorausweist, ist das Evangelium (Matth. 17,1–9) noch einmal ganz auf einen weihnachtlichen Ton gestimmt: Jesus – mit Elia und Mose – leuchtet auf als »das« Licht der Welt. – Es sei auch auf Matth. 5,14–16 verwiesen: »Ihr seid das Licht der Welt.«

Die Predigt stellt das Lichtmotiv in den Mittelpunkt und orientiert sich dabei an den *zwei Imperativen* des Textes: »Geht euren Weg« und »Glaubt an das Licht«. Die Lichtthematik legt eine eher meditative Entfaltung nahe.

Vorschläge zur Liturgie

Lieder

EKG 337; 50; 48,3+4; sowie vor allem »Christus, das Licht der Welt« (Singe, Christenheit 747).

Kyrie und Gloria

Barmherziger Gott! Wir preisen deine Herrlichkeit
und sind selbst so ohne Glanz.
Wieviel Dunkelheit geht von uns aus,
wieviele Schatten verdüstern uns Herz und Sinn,
wieviele dunkle Stunden bereiten wir uns und anderen!

Christus spricht: Ich bin das Licht der Welt.
Wer mir nachfolgt, der wird nicht wandeln in der Finsternis,
sondern wird das Licht des Lebens haben. (Joh. 8,12)

Kollektengebet

Herr, Jesus Christus, du Licht der Welt,
du bist der Weg, den ich heute gehe,
du bist die Wahrheit, die mich leitet,
du bist das Leben, das ich finde.
Gib mir deine Liebe,
daß ich dich wiederfinde in den Menschen.
Gib mir Geduld und Gelassenheit
und bewahre mich in deiner Liebe.
(J. Zink, Wie wir beten können, Stuttgart 1970, S. 83)

Alternative zum Glaubensbekenntnis

Der Glaube an Christus
verwandelt nicht mein einfaches Essen in Delikatessen, aber er bringt mich dazu, das wenige, was ich habe, mit den Armen zu teilen.
Der Glaube an Christus
verwandelt nicht meine einfache Hütte in einen Luxusbungalow, aber er hilft mir, glücklich in meiner Hütte hauszuhalten.
Der Glaube an Christus
liefert meinem Kopf keinen Heiligenschein, aber er hebt mich auf und reinigt mich, wenn ich gefallen bin.
Der Glaube an Christus
garantiert mir nicht, daß ich hundert Jahre lebe, aber er ermutigt mich, ein Leben zu führen, das täglich nützlich für andere ist.
Der Glaube an Christus
bringt mich jetzt nicht dahin, wo die Engel leben, aber er bringt Christus in mein Herz.

Der Glaube an Christus
macht mich nicht stolz, weil ich glauben kann, sondern er macht mich demütig, seine Gnade zu empfangen.
Der Glaube an Christus
bewahrt mich nicht vor dem Sterben, aber er gibt mir die Gewißheit der Auferstehung und die Gemeinschaft mit allen Heiligen.
Herr Jesus, ich danke Dir, daß ich an Dich glauben kann. Mein Glaube hängt vom Anfang bis zum Ende von Dir ab. Stärke meinen Glauben, damit ich bezeugen kann, was der Glaube in mir wirkt. Amen.
(Johnson Gnananabaram, Gespräche mit Gott, Verlag der Ev.-Luth. Mission 1986)

Vorschläge zur Predigt

Möglicher Anfang

Wenn Jesus heute käme ... So wie er damals durch die jüdischen Lande zog. Man kann sich das immerhin einmal vorstellen. Wie würden wir wohl reagieren? Würden wir ihn besser verstehen als seine damaligen Zeitgenossen? Die konnten nur den Kopf schütteln: »Ein gekreuzigter Messias, wie absurd! Der Erlöser der Welt wird vielmehr ein ewiges Friedensreich aufrichten. Er wird über die Mächte und Gewalten dieser Welt triumphieren. Hell wird seine Herrlichkeit alle Finsternis durchdringen. Er wird bei den Seinen bleiben, und ewige Freude wird herrschen. Und alles Böse, alle Feinde, aller Haß werden vernichtet.« Ein solcher Messias aber ist Jesus nicht; im Gegenteil.
Obwohl wir uns an den Gekreuzigten gewöhnt haben – eigentlich sprechen uns doch die Zeitgenossen Jesu aus dem Herzen. Haben wir nicht in der Adventszeit im Lied »Tochter Zion, freue dich« gesungen: »Hosianna, Davids Sohn! Sei gesegnet deinem Volk! Gründe nun dein ewig Reich ...«? Ist es nicht genau das, was wir wollen: endlich Frieden und Erlösung, vollkommen und für immer? Und das sofort?
Jesus aber nimmt die Seinen auf einen anderen Weg mit. Das Ziel bleibt gleich, aber der Weg ist anders, unerwartet. Er führt in die Finsternis. Ansatzweise haben wir es vielleicht immer wieder einmal verstanden, was da am Anfang des Johannesevangeliums gesagt wird: »Das Licht scheint in der Finsternis, aber die Finsternis hat's nicht begriffen.« Diese Worte werden zu Weihnachten im Gottesdienst gesprochen. Und nun, bevor die Passionszeit beginnt, also der Weg in die Finsternis, nun sagt Jesus: »Glaubt an das Licht, solange ihr's habt, damit ihr Kinder des Lichts werdet.« Wir selber! Wir sollen leuchten. Wir werden Licht in dieser Welt. Das ist ein gewaltiges Wort. Erinnern wir uns an das allererste Schöpfungs-

wort Gottes: »Gott sprach: Es werde Licht! Und es ward Licht.« Jesus macht die Seinen zu Keimzellen einer neuen Schöpfung, zu Trägern des wiedergewonnen Lebens. Da leuchtet etwas auf in dieser finsteren Welt.

Zum weiteren Verlauf: Drei Alternativen

A. Als *»leuchtendes Beispiel«* kann der Lebenslauf des *Jacques Lusseyran* erzählt werden – als Kind im Alter von acht Jahren erblindet, fand er das Licht und die Farben des Lichtes im eigenen Inneren wieder und konnte auf eine neue, außergewöhnliche Weise »sehen«, konnte aus der Tiefe des Seins heraus Menschen und Dinge wahrnehmen und bestand wahrhaft furchtbare Finsternisse, so 15 Monate im Konzentrationslager Buchenwald. Lusseyran war Mitglied der französischen Résistance gegen die nationalsozialistische, deutsche Besetzung Frankreichs. (Jacques Lusseyran, Das wiedergefunde Licht, 6. Aufl. Stuttgart 1981; vgl. meine ausgeführte Lesepredigt zum gleichen Text in: Lesepredigten V, Gütersloh 1988.)

B. Von der *Finsternis* unserer Welt läßt sich einiges sagen und von der Aufgabe der Christenheit, Licht in diese Finsternis zu bringen: Frieden, Gerechtigkeit und Bewahren der Schöpfung, die Themen der geplanten großen ökumenischen Versammlung sind zugleich die drei großen Herausforderungen in den Finsternissen falscher Rüstungs- und Sicherheitspolitik, vermessener Naturausbeutung und ausbeuterischen Umgangs mit den Armen dieser Erde. »Was würde Jesus dazu sagen?« fragte einer der Großen in der jüngeren deutschen Kirchengeschichte, Martin Niemöller, immer wieder. Was würde Jesus sagen – zu zigfachem Overkill-Potential trotz erster zaghafter Abrüstungsversuche, zu unseren hausgemachten kleinen und großen Umweltkatastrophen und »Roten Listen«, zu Hunger, Elend und Unterentwicklung, zu Rassismus und Fremdenhaß ... »Wirklich, ich lebe in finsteren Zeiten ...«, heißt es einmal in einem Gedicht von Bert Brecht.

C. Aber auch eine *Meditation über das Licht* kann hier folgen. Die Gottesdienstbesucher erhalten zu Beginn eine Kerze. Jetzt wird sie entzündet. Die Nachbarn reichen sich das Licht weiter. Wir schweigen. Die Flammen leuchten, wärmen, sind lebendig. Licht, das erste, was geschaffen ist, Ur-Energie, Anfang des Lebens. Licht, das bedeutet die unermeßliche Weite des Kosmos. Soweit wir in die Tiefen des Weltraums eindringen, messen wir in Lichtjahren ... Licht ist aber auch die kleine Flamme; Trost, Hoffnungszeichen, Lebensfreude. Wenn es festlich wird, zünden wir Kerzen an. Auf dem Altar ... Oder die Taufkerze: Jeder Christ soll zum Lichtblick in dieser Welt werden.

Möglicher Schluß
Wir haben Weihnachten gefeiert, wir werden Ostern feiern. Unser Glaube wird wieder und wieder gestärkt. Wenn sein kleines Flämmchen schwach wird und zu erlöschen droht, empfängt er doch immer wieder neue Kraft. Gerade in der Schwäche liegt ja seine wahre Stärke. (Hier kann man z.B. die Geschichte vom *Chanukka-Leuchter* und vom jüdischen Lichterfest erzählen: Als die Makkabäer den Befreiungskampf gegen die Griechen, Alexanders des Großen Erben, gewonnen hatten und den Tempel zu Jerusalem reinigten und erneut weihten, nachdem alle Spuren des heidnischen Götzendienstes getilgt waren, »kam der Augenblick«, so erzählt die Legende, »das ewige Licht anzuzünden. Jetzt stellte sich heraus, daß von den noch erhaltenen Krügen mit Weihöl nur ein einziger rituell rein war. Alle anderen waren entweder offen, teilweise aufgebraucht oder Zeus geweiht worden. Das Öl in diesem einen Krug reichte nur für einen Tag. Dank eines Wunders brannte das Licht jedoch acht Tage lang, was für die Weihe reichte und bis genug frisches Olivenöl herbeigeschafft werden konnte.« S.Ph. De Vries, Jüdische Riten und Symbole, 4. Aufl., Wiesbaden 1986, S. 103. Jesus und seine Hörer kannten diese Geschichte vom »ewigen Licht« natürlich.)
Gottes Licht leuchtet und verlischt nicht. Und es will gerade die furchtbarsten Finsternisse durchdringen. Auch Grab und Tod. Auch Sünde und Hölle. Deshalb führt der Weg Jesu und derer, die ihm folgen, immer auch in diese Finsternisse, damit es dort hell werden kann. Gewiß ist es immer wieder sehr finster um uns, und der Mut verläßt uns bald. Sollen wir nicht aufgeben? Sollen wir uns nicht in den Trubel der Welt stürzen und den lieben Gott einen guten Mann sein lassen? Wer wäre vor der Versuchung sicher, die doch nur eine andere Form der Finsternis ist? Für diejenigen, die ihren Weg mit Jesus gehen, durch die Finsternis hindurch, gilt das Wort von Ernesto Cardenal: »Wir warten hier noch in der Dunkelheit der Nacht auf die Ankunft des Bräutigams, wir sehen aber schon ein Licht in der Ferne und hören eine Lobgesang in der Nacht.« (E. Cardenal, Das Buch von der Liebe, Siebenstern TB 168, S. 104) Und so gehen wir unseren Weg und werden Kinder des Lichts.

Kontext – auch Schlußgebet und Segen
Weihnachtsgebet

Wir wollen beten um das licht
das in die finsternis der welt
und in die finsternis unserer herzen scheint

Laß dein licht leuchten
allen gefangenen in der welt
den unpolitischen und den politischen
schick dein licht zu denen
die dreißig tage unter einer kapuze stecken
und gefoltert werden
in guatemala und el salvador
und vielen andern orten der welt
laß sie wissen daß dein licht immer noch scheint
laß sie wissen daß wir sie nicht vergessen
in deinem licht

Laß dein licht leuchten
allen hoffnungslosen in der welt
den wissend und den ahnungslos hoffnungslosen
schick dein licht zu denen
die immer noch mehr waffen brauchen
um ruhig zu schlafen
laß uns dein gewaltloses licht sehen lernen
im umgang miteinander
und im leben mit anderen völkern
denen wir weizen und wissen schulden
laß sie wissen daß dein licht auch hier
im lande von nacht und nebel
immer noch da ist
laß sie wissen daß wir nicht einen toten
der beiden weltkriege vergessen werden
in deinem licht

Laß dein licht leuchten
allen einsamen in der Welt
allen alleingelassenen und hinterbliebenen
allen jungen menschen die sich nicht zuhause fühlen
und allen verlassenen frauen
laß uns nicht an ihnen vorbeisehen
sondern dein licht des trostes verbreiten
laß die einsamen wissen daß keiner allein ist
nicht im schmerz
nicht in der depression
nicht in der niederlage um der gerechtigkeit willen
laß uns alle dein licht sehen
damit wir selbst licht werden
mach uns stark in deinem licht
der gewaltfreiheit
des gedächtnisses
der solidarität
und laß uns beten wie dein lichter sohn uns gelehrt hat

Unser Vater

Gott segne uns und behüte uns
das licht von bethlehem scheine in unsern herzen
und dringe vor aus dem elendsstall
bis in die paläste
wir sind das licht der welt
geht hin frieden zu schaffen
(Dorothee Sölle, Verrückt nach Licht. Gedichte, Berlin 1984, S. 158f.)

Septuagesimae

Predigttext: Matthäus 9,9–13
Wilfried Lenzen

Theologisch-homiletische Skizze

Ich habe mich entschieden, in der Predigt von der ganzen Perikope auszugehen. Trotz der Brüche im Text (Szenenwechsel, lose Aneinanderreihung der Logien) spricht nicht nur die geprägte Form der Überlieferung (s. Markusvorlage), sondern der Gesamtduktus für die Einheit der Textaussage. Ich stimme der Exegese (Band IV) zu, die den Skopus im Schlußsatz der Perikope sieht: »Ich bin gekommen, die Sünder zu rufen und nicht die Gerechten.« In der christologischen Aussage über den soteriologischen Sinn des Kommens Christi sehe ich zugleich ein Identifikationsangebot an die christliche Gemeinde, die in der Nachfolge zu gleichem Tun aufgerufen ist. In die gleiche Richtung weisen für mich die beiden vorangehenden Jesusworte. »Die Starken bedürfen des Arztes nicht, sondern die Kranken« bestimmt zum einen des Verhältnis Jesu zur Gemeinde bzw. die Art und Weise, wie Gott sich in Jesus Christus uns Menschen zuwendet, zum anderen das Verhältnis der Gemeinde zu ihren Gliedern bzw. zu den Menschen außerhalb von Gemeinde und Kirche. Die Aussage enthält Zuspruch und Anspruch zugleich. Den Aufforderungscharakter unterstreicht Matth. durch die Einfügung des Hosea-Zitats. Das »Wohlgefallen an der Barmherzigkeit« kann die Welt von den Christen lernen.
Pharisäer und Zöllner sind sozial bestimmbare Gruppen. Demgegenüber sind »Sünder« und »Kranke« allgemeinere Bestimmungen. Sie werden nebeneinander gestellt – sogar in der Verbindung »Zöllner und Sünder«. Die Überlieferung, die sich dieser allgemeinen Form mit sprichwortartiger Prägung bedient, zielt m.E. nicht auf bestimmte Gruppen, sondern auf das, wovon Christen leben und was sie durch ihre Haltung in diese Welt einbringen können.
Als Prediger frage ich mich, als wen ich meine Gemeinde anspreche: als »Pharisäer«, die in geordneten kirchlichen und sozialen Verhältnissen leben und sich am »Gerechtsein« orientieren? Als »Sünder«, als »Kranke«, die des Arztes bedürfen – möglicherweise hinter der Mauer eines geordneten Lebens? Als christliche Gemeinde, die sich dem Auftrag Jesu Christi verpflichtet weiß? Wohin gehöre ich als Prediger? Ich kann keine eindeutigen Identifizierungen vornehmen (d.h. keine ›einseitigen‹). Alle Anteile sind beteiligt. Die Predigt zielt jedoch darauf, daß Jesu Ruf an die Schwachen, Sünder auch mir gilt, daß ich ebenso die Einladung höre, auf andere offen zuzugehen. Es geht darum, den werbenden Charakter der befreienden Botschaft aufzunehmen und dem Hörer zur Einstimmung in Matth. 9,13 zu verhelfen: »Ich bin gekommen, die Sünder zu rufen ...«

Ich möchte die Ambivalenz ansprechen, die sich zeigt im Wunsch nach Abgrenzung (für den die Pharisäer stehen) und in der Sehnsucht, in der eignen Bedürftigkeit verstanden zu werden (wie Matthäus). Die Beziehung zu beiden Teilen scheint mir die Voraussetzung zu sein, um sich zu Schritten der Liebe ermutigen zu lassen. Mit dem Sonntag Septuagesimae beginnt die Vorfastenzeit. Die Texte dieser Sonntage rufen zur Nachfolge. Das Ev. Matth. 20 bringt den Gedanken des unverdienten Lohnes, der Barmherzigkeit Gottes passend ein.

Vorschläge zur Liturgie

Einladung zum Kyrie – Sündenbekenntnis

Herr, wir haben dir viel zu danken.
Aber unsre Erinnerung ist schwach, wenn es um die Zeichen deiner Liebe im Alltäglichen geht. Oft lassen wir den Mut sinken, weil wir nicht sehen, was du uns Gutes getan hast. Wir bleiben bei dem stehen, was andere uns angetan haben, und rechnen einander die Schuld vor, die du uns längst vergeben hast. Darum bitten wir dich: ...

Einladung zum Gloria – Gnadenwort

Gott gibt uns nicht auf: Wer einen neuen Anfang erlebt, wird froh, und Dank breitet sich aus zwischen unsren Befürchtungen und Sorgen. Barmherzig und gnädig ist der Herr, geduldig und von großer Güte; wie sich ein Vater über Kinder erbarmt, so erbarmt sich der Herr über die, die ihn fürchten ...

Gebet – Kollekte

Du redest mit uns, Gott, und bringst uns in Bewegung.
Wir werden angesprochen und können Neues erfahren. Laß uns jetzt hören, damit wir nicht ohne deine Antwort bleiben.
(bisher aus: Liturgieentwürfe für das Kirchenjahr, Beratungsstelle ..., Frankfurt 1985, S. 250)

Präfamen

(zur Epistel: 1. Kor. 9,24–27)
Paulus vergleicht das Leben des Christen mit dem Wettkampf. Hier wie dort kommt es entscheidend darauf an, das Ziel fest im Auge zu behalten und dementsprechend zu leben.
(zum Evangelium: Matthäus 20,1–16a)
Gottes Güte sprengt unsre Maßstäbe von Lohn und Gerechtigkeit. So zeigt es Jesus im Gleichnis von den Arbeitern im Weinberg.
(aus: Neue Texte für den Gottesdienst 5/6, Lutherhaus Verlag Hannover 1980)

Fürbittengebet

Herr, unser Gott, durch Jesus Christus wissen wir, daß du keinem ausweichst, der sich verfehlt hat.
Wir danken dir für dein Entgegenkommen.
Du schickst uns auf den Weg, anderen offen zu begegnen.
Darum bitten wir dich:
Mach uns empfindsam für Menschen, die innerlich am Ende sind, sich aber sicher und tüchtig geben.
Laß uns auf die zugehen, die von anderen gemieden werden.
Schenk uns Geduld mit denen, die mißtrauisch geworden sind, weil sie überall Feinde sehen.
Wir möchten denen vertrauen können, die abgestempelt sind als Bösartige, als ... ...
Hilf uns, daß wir bei ihnen bleiben, auch wenn sie uns verdächtigen und ablehnen.
Du gibst uns die Kraft dazu, weil es dir eine Freude ist, Menschen neu zu begegnen. ... ...
(mit einigen Änderungen, entnommen aus: Liturgieentwürfe ..., Frankfurt 1985, S. 251)

Lieder

EKG 188, bes. Vers 3; 237, bes. Verse 5–7; 277, Vers 1
Kirchentagsliederheft 83 (Beiheft) Lied 604: Vertrauen wagen dürfen wir getrost ...

Vorschläge zur Predigt

Möglicher Predigtanfang

Jesus trifft einen Zöllner. Er kennt ihn mit Namen: Matthäus. Er trifft ihn am »Tatort Zoll«. Jesus weiß von Matthäus, was ganz Palästina von den Zöllnern weiß: Als Pächter im Auftrag des Staates nimmt er Steuern und bestreitet seinen Lebensunterhalt aus dem erwirtschafteten Überschuß – aus den Taschen anderer. Und er lebt nicht schlecht!
Jesus geht auf Matthäus zu: »Ich bin gekommen, die Sünder zu rufen ...«. – Jesus ißt und trinkt mit Zöllnern und Sündern – nicht zufällig, nicht aus Versehen. »Warum isset euer Meister mit Zöllnern und Sündern?« fragen die Pharisäer die Jünger. Und Jesus steht Rede und Antwort. »Ich bin gekommen, die Sünder zu rufen und nicht die Gerechten!«

Zum weiteren Verlauf

Ich kann die Pharisäer gut verstehen. Sie fragen, sie widersprechen ... – Bin ich nicht auch in meinem Leben Menschen begegnet, mit denen ich nicht an einem Tisch sitzen möchte? Habe ich nicht von Menschen erfahren, bei denen ich mir schwer vorstellen kann, gemeinsam mit ihnen unter einem Dach zu leben? Und wenn ich mir vorstelle, daß andere mit ihnen lockere Geselligkeit pflegen, so als sei nichts gewesen, wird es nicht mein Gefühl für Recht verletzen? Meine eigne Ehrlichkeit, mein Achten auf soziale Umgangsformen, meine ethischen Werte, die ich versuche meinen Kindern weiterzugeben – wird das nicht alles in Frage gestellt, soll das nicht mehr gelten?

(Beispiele: Der Mieter, der sich und seiner Familie die monatliche Miete abspart, erfährt, daß die Verwaltung Geld fahrlässig ausgibt oder gar veruntreut. – Ich habe meinen Müll nach Glas, Papier und Hausmüll geordnet an den Straßenrand gestellt. Die Männer der Müllabfuhr stecken Glas und Papier in den halbleeren Eimer mit Hausmüll und kippen alles in eine Kammer des Müllautos. – Ich zahle Steuern und erfahre, daß jemand, der Steuern hinterzieht, in »höheren Kreisen« verkehrt.)

Im Sünder begegnet mir die Sünde. Ich habe ein Bedürfnis nach Distanz: »Warum isset euer Meister mit Zöllnern und Sündern?« – Dem steht die Erfahrung des Matthäus gegenüber. Was mag er wohl erlebt haben, als Jesus auf ihn zugeht, obwohl er von ihm wußte ...? – In einer Gruppe, die diesen Text besprach, entstand ein Streit über ein »sachliches Urteil« über die Zöllner. Die einen hielten sie für »Kollaborateure«, die verdientermaßen geächtet wurden. Die anderen hielten sie für Außenseiter, die schlechte Lebensbedingungen hatten und deshalb in diesen Beruf geraten sind – ohne die Chance zu haben, dort wieder herauszukommen, ausgeschlossen vom sozialen und religiösen Leben. Die Heftigkeit, mit der die Argumente vorgebracht wurden, machte deutlich, daß es um mehr als die Zöllner damals ging. Eine Frau brachte es auf den Punkt: »Ihr führt ein halbwegs normales Leben und ihr erfahrt nicht am eignen Leib, was es heißt, nicht dazuzugehören – geschieden zu sein – keine Bestätigung durch den Beruf zu haben – das Gefühl zu bekommen, an allem selbst schuld zu sein – versagt zu haben. Da muß man sich irgend etwas zurechtlegen, um zu überleben. Was bleibt einem denn anderes übrig? Ich kann doch nicht aus meiner Haut heraus ...! Ich kann mir doch keine neue Seele kaufen!« – »Wie gut tut es mir, wenn ein anderer mich nicht auf meine Fehler und mein Versagen festlegt; wenn jemand meine Nähe sucht und sich nicht von meinem Versagen abhalten läßt, wenn mir jemand Raum gibt, wenn es eng wird! Mir wird etwas zugetraut! Ich traue mir Neues zu. Ich bekomme meine Menschenwürde zurück, gewinne Kraft zum Leben.« – »Jesus macht mir Angst, wie er die Grenzen und Schran-

ken durchschreitet. Und gleichzeitig bin ich fasziniert von seiner Unbefangenheit, mit der er in die Zöllner-Stube tritt: »Ihr seid abgeschoben und ihr verhaltet euch so, daß man euch meidet. – Ich aber bin gekommen ...«
Folgende Gedanken möchte ich entwickeln: »Pharisäer« orientieren sich am »Gerechtsein«, an Geboten, Ordnungen, an Grenzen, die eingehalten werden. Sie halten fest, geben wenig Raum ... . Gerechtig sein allein ist zu wenig für ein erfülltes Leben, für die Fülle des Lebens. Gerechtsein ist etwas Vorläufiges, Relatives. (Beispiel: Staatliches Recht hat dienenden Charakter: es erhält die soziale Ordnung, regelt das Zusammensein der Menschen. Recht im Sinne einer letzten Gerechtigkeit steht Gott allein im letzten Gericht zu.) Als Aufgabe der Christen sehe ich an, in diese Welt die Zuwendung, die Liebe, das Wohlwollen, die Barmherzigkeit einzubringen. Jesu Zuwendung gilt mir und gibt mir gleichzeitig Richtung für mein Leben: Ich verwende weniger Kraft darauf, mich von anderen abzugrenzen. Ich brauche meine Energie, mich anderen zuzuwenden. Die gelebte Zuwendung braucht unsre ganze Stärke. Sie hat es nicht leicht neben dem Gerechtsein in uns und außer uns. (Beispiele: Kontakte zwischen Religionsgemeinschaften bestehen nicht wegen der Abgrenzungen, der Feststellung dogmatischer Standpunkte, sondern durch eine offene Beziehungsaufnahme – also gerade im Verzicht auf eignes Gerechtsein. – Auch in der Familie reicht es nicht aus, wenn einer recht hat, um erfüllt miteinander zu leben ... – Beispiele oben aufgreifen und besprechen!) – »Ich aber bin gekommen, die Sünder zu rufen und nicht die Gerechten.«
– Hat Jesus mit seiner Zuwendung Erfolg? Wir erfahren darüber nichts. Und wir werden es nie wissen. Selbst Eltern können nicht wissen, ob ihre Liebe ankommt ..., ob sie Früchte trägt. Das erfährt man später oder nie. Liebe, Zuwendung, die eine Absicht verfolgt, die etwas will außer sich selbst, zerstört sich. Jesus hält Gastmahl mit Zöllnern und Sündern: keine Belehrung – sondern Beziehung! Keine Fürsorglichkeit – sondern Annahme.

Möglicher Schluß
Jesus ißt und trinkt mit Zöllnern und Sündern. Sie sitzen zusammen, erzählen und lachen. Unkompliziert mag es zugehen. Sie feiern ein Fest, das Fest des Lebens. »Ich bin gekommen, die Sünder zu rufen ...« Das ist keine Pflichtübung des Christus, kein christlicher Opfergang, sondern Wohlgefallen an der Barmherzigkeit ... Denen es gilt, die feiern. Und denen, die fragen, ruft er zu: »Gehet hin und lernt, was das ist: Barmherzigkeit!« Auch sie sollen daran Anteil haben.
Gottes Barmherzigkeit gilt mir, und ich bin eingeladen, mich in diese Bewegung hineinnehmen zu lassen, meine Grenzen zu überschreiten, mein

Konto in Sachen Zuwendung zu überziehen. Kann ich es wagen? Traue ich es mir zu? Es ist Gottes Bewegung, seine Geschichte: Er selbst trägt das Risiko der Liebe. Amen.

Alternative

Bei einem Besuch im Krankenhaus treffe ich zwei Patientinnen auf dem Flur. Im Zimmer sei dicke Luft, sagen sie. Eine neue Bettnachbarin sei schwierig. Sie verlange von allen im Zimmer Ruhe. Aber selbst höre sie abends spät noch Radio. Sie schimpfe auf das Essen. Sie halte sich nicht an die Anweisungen des Arztes. Auch die Schwestern kämen nicht mit ihr zurecht. Nun traue sich kaum noch jemand in ihr Zimmer. –

Einmal davon abgesehen, daß alle Patientinnen ihren Arzt brauchen, braucht nicht die eine Patientin einen Arzt für ihre Seele in ganz besonderem Maße? Die Starken bedürfen des Arztes nicht, sondern die Kranken.

(Ich würde diese Geschichte oder eine andere so weit erzählen, soweit sie meiner eignen Erfahrung entspricht.) Anschließend würde ich Überlegungen anstellen, was wohl geschehen könnte. Dabei könnte ich folgenden Fragen nachgehen: Was geschähe, wenn es z.B. einer Schwester gegeben wäre, die Mauer zu durchschreiten, wenn beide guten Kontakt zueinander fänden? Wie würden die anderen reagieren, die sich bisher so »vernünftig« verhalten haben? Kann ich mich einfühlen, wie es wohl der Patientin zumute ist? Vielleicht bewirkt der Kontakt ein verändertes Klima im Zimmer – vielleicht aber auch nicht! Was bedeutet es zu spüren, daß Liebe hier nachgetragen wird? Wie weit? Wie lange?)

Die Lust an der Barmherzigkeit will eingeübt sein: Gehet hin und lernt, was das ist ... Barmherzigkeit. Sie setzt voraus, daß wir selbst uns als Bedürftige erkennen, daß wir selbst uns erfahren als Menschen, die leben von der Erfahrung: Ich bin gerufen!

Kontexte

Das tut gut

Zweifelst du?
Ich glaube für dich.
Zweifel ich,
glaubst du für mich.
Schlaf. Ich wache.
Wach! Ich ruh.
Tröstlich der Schimmer:
Einer von uns,
ich oder du,
einer bläst immer
in die Glut,

Das zu wissen, tut gut.
(Gudrun Pausewang)

Dich zu haben

Wie du lächelst,
das tut gut.
Daß du da bist,
macht mir Mut.
Dein Vertrauen
gibt mir Kraft,
Zuspruch,
der mir Trost verschafft.
Ohne dich:
Die Welt wäre fade.
Dich zu haben:
Glück und Gnade!
(Gudrun Pausewang)

Sexagesimae

Predigttext: Jesaja 55,(6–9)10–12
Gabriele Suck

Theologisch-homiletische Skizze

Die Herausforderungen, vor die sich Dtjes gestellt sah, sind mir nicht fremd. Die Verheißungen Gottes erfüllen sich nie so, wie sie verkündigt werden. Der Auszug der Verbannten aus Babylon, ihre Rückkehr nach Israel und das Kommen Gottes ließen damals ebenso auf sich warten und machten ungeduldig, wie heute auf das Wiederkommen Christi und die endgültige Errichtung des Reiches Gottes gewartet wird und das Ausbleiben ungeduldig macht. Der Botschaft des Propheten wurde bald kein Glauben mehr geschenkt. Christliche Predigerinnen und Prediger müssen – ähnlich wie Dtjes – auch oft die ihnen aufgetragene und anvertraute Botschaft gegen den Einwand verteidigen, daß die geschichtliche Realität diese unglaubwürdig mache. In der Tat, fast 2000 Jahre christliche Verkündigung haben nur bedingt dazu beigetragen, daß durch das Hören auf Gottes Wort Veränderungen zum Guten hin geschahen und dadurch dem Wort Raum gegeben wurde, sich zu erfüllen. Die erfahrene Realität ist allemal eine andere als die zugesagte, und Menschen neigen dazu, die Wahrheit einer Botschaft von ihren Erfahrungen abhängig zu machen. In diesem Spannungsfeld von Verheißung – Erfahrung – Erfüllung bewegen sich die Propheten der hebräischen Bibel ebenso tastend und wagend, ringend und trotzend wie die Predigerinnen und Prediger des Evangeliums, so daß der Mut und die Beharrlichkeit der einen Ermutigung und Unterstützung der anderen sein können. Ich jedenfalls lasse mich gerne von Dtjes unerschütterlichem Bewußtsein seiner Sendung darin bestärken, zum wiederholten Male auch und wieder ohne hieb- und stichfeste Beweise zu behaupten und zu bezeugen: Gott steht zu seinem Wort. Auf seine Zusagen ist Verlaß. Nicht alle unsere Wünsche, aber alle seine Verheißungen erfüllt Gott (Bonhoeffer).
Solche Gewißheit freilich appelliert an die Bereitschaft, a) Gottes Verheißungen nötigenfalls von den eigenen Wünschen zu unterscheiden, b) mit besonderer Sorgfalt auf die Erfüllung der Gottesverheißung zu achten. Das ist offensichtlich nicht immer ganz so einfach, wie manch eine(r) es gerne hätte.
Fragen also: Was verheißt uns Gott? und: Wie erkenne wir dessen Erfüllung im konkreten Leben? Meine Predigtaufgabe also: Dtjes Wort so für meine Predigthörerinnen und -hörer umzusetzen, daß sie der Erfahrung des »leeren«, des vergeblichen Wortes entgegenwirken. Ob sein naturhaftes Beispiel für uns Heutige dazu hilfreich ist, bezweifle ich. Es ist eher geeignet, den Vorwurf des antiquierten und irrelevanten Redens innerhalb der Kirche zu bestärken. Außerdem erschließt sich solche Idylle kaum Konfirmandinnen und Konfirmanden. Darum möchte ich versuchen, von Menschen zu erzählen, die in ihrem Leben die Erfahrung des sich

erfüllenden Wortes Gottes machten, und so meine Hörerinnen und Hörer ermutigen, ihrerseits auf die Erfüllung des Gotteswortes in ihrem Leben zu achten und sie zu entdecken.
Ich predige einer überwiegend bürgerlich-konservativen Gemeinde in einer Universitätsstadt, die sich freilich auch immer wieder durch etliche Studentinnen und Studenten herausreißen und aufrütteln läßt aus ihren liebgewordenen, starren Vorstellungen über Gottes Walten in der Welt, in der Kirche und überhaupt. Wie in vielen Gemeinden fehlt unter meinen Predigthörerinnen/-hörern zum größten Teil das Mittelalter, die eigene Generation also.

Vorschläge für die Liturgie

Eingangslied

Er weckt mich alle Morgen (Jochen Klepper): EKG 504 in der Ausgabe für die Evangelische Landeskirche in Baden; 607 im »Anhang 77« und A30 in »Mein Liederbuch für heute und morgen«.

Eingangsspruch

Der Mensch lebt nicht vom Brot allein, sondern von einem jeden Wort, das aus dem Munde Gottes geht. (Matthäus 4,4)

Bußgebet

Guter Gott, lieber Vater im Himmel. Wir danken dir für dein Wort. Es reißt uns heraus aus allem, was uns festhält und belastet. Es eröffnet uns eine unvorstellbare Zukunft. Doch viel zu selten will es uns gelingen, deinem Wort zu trauen. Was wir erleben, lassen wir stärker sein als das, was du uns in Aussicht stellst. Das ist schlimm. Das sollte so nicht sein. An diesem Ungleichgewicht leiden wir. Darum bitten wir nun erneut: Hilf uns zu glauben, was du uns versprichst. Lehre uns erkennen, auf welche Weise du deine Verheißungen erfüllst. Vergib uns unseren Kleinglauben und halte uns fest mit deinem großen Erbarmen. Amen.

Gnadenspruch

Dem Erbarmen Gottes können wir vertrauen. Alle Tage ist es neu, nie nimmt er es von uns. Denn so spricht Jesus Christus: Siehe, das Reich Gottes ist mitten unter euch.

Kollekte

Schaff Raum deinem Wort, Herr, Gott, und streu es aus über die Welt. Wir bitten dich, es falle bei uns auf gute Erde, es finde Gehör überall, wo Menschen leben. (Huub Oosterhuis)

Lesung

Das altkirchliche Evangelium vom vierfachen Ackerfeld Lukas 8,4–8, also ohne die Jüngerbelehrung, damit die Hörerinnen und Hörer sich ihre eigenen Gedanken machen können, eventuell mit folgendem Präfamen: Gott streut sein Wort aus über alle Menschen, ob sie es hören wollen oder nicht. Doch auch wenn Menschen sich seinem Wort verschließen, wird es nicht umkommen. Gott sorgt dafür, daß sein Wort Frucht trägt.

Weitere Lieder

EKG 239,1+10; 358,3 und aus »Mein Liederbuch« B15 (»Du Herr gabst uns dein festes Wort«, wobei am Ende der ersten Strophe die Brüder natürlich zu Kindern werden müssen) und B80 (»Wir haben Gottes Spuren festgestellt«).

Kontexte

SONDERANGEBOT

Ausgeräumt!
Träume zu Spottpreisen
finden Sie in meiner
Traumabteilung.

Ausgeträumt!
Träume rentieren
sich nicht mehr.
Die Realität hat mich eingeholt.
(Kristiane Allert-Wybranietz)

Die Wirkung von Worten
läßt sich schwer ermessen:
Guten Tag – das begreifst du noch,
aber daß der Tag trotzdem nicht
besser wird, setzt dich
in Erstaunen.
(Günter Kunert)

Die Dir Großes versprechen, versprechen sich meistens dabei. (Konstantin Wecker)

Gott sieht die Wahrheit, auch wenn er lange schweigt. (Leo N. Tolstoi)

Der junge Kaufmann Aksjonow wird eines Mordes verdächtigt, den er nicht begangen hat. Als er vor dem Prozeß erkennen muß, daß nicht einmal seine Frau von seiner Unschuld überzeugt war, sagt er sich: Offenbar kann kein Mensch die Wahrheit kennen, nur Gott allein sieht sie. Nur Ihn allein muß ich um Beistand bitten, einzig von Ihm Barmherzigkeit erwarten. Das tut Aksjonow. Er wird zu lebenslanger Zwangsarbeit verurteilt. Nach 26 Jahren offenbart Gott die Wahrheit. (Diese Erzählung dient mir als Beispiel, wie ein Mensch sich durch eigene Erfahrung doch nicht davon abbringen läßt, dem Wort Gottes zu trauen. Zugleich illustriert sie, wie weit manchmal die Erfüllung von Gottes Wort von unseren Erwartungen entfernt ist.)

Vorschläge für die Predigt

(Einsetzen möchte ich nach dem Lesen des vorgegebenen Predigttextes mit der Mitteilung persönlicher Erfahrung, die authentisch und nicht konstruiert zu sein hat. Dadurch hoffe ich, jene Betroffenheit bei der Hörerin/dem Hörer auszulösen, die zur Bereitschaft zum Zustimmen zu meiner Verkündigung führen kann. Wer mein Beispiel nicht weitererzählen möchte, der möge nach eigenen Erfahrungen suchen und diese auch aussprechen.)

Möglicher Anfang

Unvergessen wird mir, liebe Gemeinde, das Gefühl meiner Hilflosigkeit und Ohnmacht bleiben, das ich vor einigen Monaten am Bett eines inzwischen verstorbenen alten und kranken Mannes empfand. Seine Frau hatte mich gerufen, weil er seinem Leben, seinem Leiden, ein Ende machen wollte. Ich kannte beide gut, die Frau gläubig und fromm auf eine gute Art, die mich oft staunen machte; der Mann wortkarg, verschlossen, dem Leben wenig Gutes abgewinnend. Lange Ehejahre hindurch hatte die Frau wohl versucht, ihrem Mann das Vertrauen zu Gott als Hilfe zum Leben zu erschließen, aber sie hatte ebensowenig ausrichten können wie ich in diesem Augenblick, als ich an seinem Bett stand und ihn beschwor, sein Leben nicht wegzuwerfen. Er möge doch Geduld haben, sein Leiden annehmen, und in der Zuwendung und der Fürsorge seiner Frau ein Zeichen der Nähe Gottes erkennen. Gewiß mute Gott ihm nun viel zu, aber in der Gestalt seiner Frau gäbe er ihm doch auch zugleich die nötige Hilfe. »Worte«, murmelte der Kranke, »das sind doch alles nur Worte, Danke für Ihre Mühe. Sie haben es versucht. Aber es sind doch nur Worte. Und nun gehen Sie!«

Es war eine sehr bittere Erfahrung für mich, liebe Gemeinde, daß diesem Unglücklichen mein Wort Menschenwort blieb, dem er mit Zurückweisung begegnete, statt daß es ihm Gottes Wort erschloß, dessen erhoffte Erfüllung neue Kraft für den nächsten Augenblick gab. Unüberwindbar kam mir die Kluft zwischen diesem Leidenden und den großen Worten des Trostes vor, wie sie in der Heiligen Schrift stehen. Es schien keine Brücke zu geben, und mir war es nicht gelungen, eine solche zu bauen.

Zum weiteren Verlauf
Im weiteren Verlauf würde ich weitere Erfahrungen der Abwehr, der Wirkungslosigkeit und Einwände gegen Gottes Wort aufgreifen, mich diesen Einwänden stellen, meine Betroffenheit äußern und fortfahren:

Nein, liebe Gemeinde, alles das will ich nicht tun, nicht nur Worte machen und Sprüche klopfen, wenn ich zu Ihnen spreche. Vielmehr möchte ich Sie anrühren und Ihr Herz aufschließen für Gottes Wort der Gnade. Um Ihre Zustimmung für dieses Wort möchte ich werben und Sie locken, ihm mehr Glauben zu schenken als allem, was dagegen zu sprechen scheint. Vertrauen möchte ich in Ihnen wecken, daß auf Gottes Wort Verlaß ist, wie Menschen vor uns und unter uns es erfahren haben; daß sich auf jeden Fall erfüllt, was dieses Wort uns zusagt und verheißt, wenn wir nur Geduld genug haben, darauf zu warten. Ich möchte, daß auch Sie die Erfahrung machen: Ja, ich lebe mein Leben besser und voller, wenn ich es im Vertrauen auf Gottes Wort lebe.

An dieser Stelle wäre etwas über die Berechtigung des Mißtrauens großen, gewaltigen und vielversprechenden Worten gegenüber zu sagen (3. Reich, parteipolitische und ideologische Programme, Ehrenworte), vor der Übertragung dieses Mißtrauens auf Gottes Wort jedoch zu warnen. Es hat von jeher statt zu mehr Ehrlichkeit nur in die Katastrophe geführt. Die Frage der Schlange: Sollte Gott wirklich gesagt haben? führte zum Verlust des Paradieses. Den Skeptikern sind jene Menschen gegenüberzustellen, die mit Gott um das ringen, was ihnen sein Wort zusagte (Abraham trotzt Gott die Rettung des einen Gerechten in Sodom ab; Mose protestiert wegen der ihm schier unmöglich erscheinenden Aufgabe, das Volk Israel bei der Stange zu halten; die Propheten, Hiob, selbst Jesus finden wir im Gespräch über das, was sein Wort ihnen an Kraft, Entbehrungen, Opfern und Enttäuschungen zumutet).

Gottes Wort, liebe Gemeinde, ist immer eine Zumutung und eine Herausforderung für den, dem es gesagt wird. Gott mutet Menschen sein Wort zu, d.h. dieses Wort nimmt uns einfach in Anspruch, belegt uns mit Beschlag und will, daß wir uns verändern. Gottes Wort läßt nicht zu, daß wir weitermachen und weiterleben wie bisher. Es verlangt das Vertrauen von uns, daß der Mut zur Veränderung, zur Umkehr, zum Risiko des Glaubens sich auszahlen wird, wenn wir nur Geduld genug haben, darauf zu warten. Leider ist das Warten zu einer unpopulären Tugend unter uns geworden. Wir haben schnelle Ergebnisse lieber. »Hoffen und Harren hält manchen zum Narren.« Unsere erfahrbare Wirklichkeit gibt zum Vertrauen auf Gottes Wort oft wirklich keinen Anlaß. Wir sehen unsere Grenzen, erleben Rückschritte im Glauben und bemerken Müdigkeit bei uns; wir suchen vergeblich nach einer Brücke, und Gottes Möglichkeiten, die unsere bei weitem übersteigen, kommen uns gar nicht erst in den Sinn. Und weil wir so auf uns fixiert sind, entgeht uns Gott und die Art, wie er sein Wort an uns erfüllt. In diesem Zusammenhang fällt mir immer die Geschichte einer kleinen Familie ein, die einen Sonntagsausflug für den Fall plant, daß Sonntag die Sonne scheint. Während die kleine Tochter um Sonnenschein betet, spottet der große, aufgeklärte Bruder darüber. Und als es Sonntag dann tatsächlich regnet, triumphiert er: Siehst du, auf Gott ist doch kein Verlaß! Natürlich ist auf Gott Verlaß, sagt die Schwester, aber was kann ich dafür, wenn er Nein zu unserem Ausflug sagt?

Weil wir nicht einmal ein Nein Gottes hören, wenn wir sein Ja nicht erkennen, darum ist es uns auch so schwer, in seinem Wort das Leben, das für uns Gute, Helfende und Heilende, überhaupt zu entdecken. Das macht dann auch wenig überzeugende und kaum mitreißende Predigerinnen und Prediger.

Hier wäre der Blick auf Dtjes und das Zeitgeschehen angebracht, eventuell mit Parallele zur Christusverkündigung, etwa in folgender Weise:

Ich denke an den Propheten, dessen Worte unser Predigttext sind. Er hatte seinem nach Babylon verbannten Volk die baldige Rückkehr in die Heimat als Zusage Gottes in Aussicht gestellt. Eine Zeitlang hatte diese Erwartung bei etlichen starke Hoffnungskräfte freigesetzt. Dann aber war eine geschichtliche Entwicklung eingetreten, die der Erfüllung dieser Hoffnung im Wege stand. Als die Ereignisse unverkennbar nicht den Verlauf nahmen, den sie nach des Propheten Verkündigung hätten nehmen müssen, wurde es vielen schwer, in seinen Worten immer noch Gottes Anspruch und seine Zusage zu sehen. Da legte es sich nahe, »Worte« zu murmeln, »alles nur Worte, nichts dahinter!« Da wurde auch offener Protest und entschiedene Ablehnung des Propheten verständlich.

Ich denke an Jesus, der uns die Umkehr des Herzens nahelegte, weil das Reich Gottes nahe herbeigekommen war. Eine Zeitlang bewegte sein Ruf Menschen, die tatsächlich umkehrten und eine neue Art zu leben wagten. Dann aber gewöhnte die Welt sich an diesen Ruf, und als nichts geschah, was auf die allen sicht- und unbestreitbare endgültige Errichtung der Herrschaft Gottes deutete, da wuchsen Enttäuschung und Trauer, zugleich aber auch Mißtrauen, Protest und Gleichgültigkeit. Wo viel erwartet wurde, ist der Schaden groß, wenn das Erwartete sich nicht erfüllt, oder wenigstens nicht so, wie man es sich erwartet hat.

Der Prophet freilich hält unbeirrt daran fest, das Gottes Wort sich erfüllen wird. Gewiß, Beweise hat er keine, die Geschichte gibt sie nicht her. So deutet er auf die Natur. Niemand wird bestreiten, daß Regen und Schnee die Erde befeuchten und sie fruchtbar machen, und so wenig wie diese Feuchtigkeit umsonst vom Himmel kommt, ergeht auch Gottes Wort nicht umsonst. Wir mögen diese Entsprechung ein wenig naiv finden. Aber ich denke, wichtiger als ein passendes Bild ist der Glaube, der hinter solchem

Bild steht: Gott trägt Sorge dafür, daß sich sein Wort erfüllt. Das ist so, und darauf können wir uns verlassen. Unser Nicht-Glauben-Können oder Nicht-Wollen wird nicht verhindern, daß Gottes Wort geschieht zu einer Zeit, da Gott es will. Darum wird es für uns besser sein, wenn wir uns von der Erfahrung, daß sich so wenig zu verändern scheint, wenig beeindrukken lassen. Die Wirklichkeit ist größer, als unsere Enttäuschungen es uns einreden wollen. Zu ihr gehören Gottes Möglichkeiten, mit denen wir unbedingt rechnen sollen.
Abschließend ist zu sagen, daß Jesus Christus Gottes Wort in Person an uns ist, daß er Grund unseres Vertrauens und Inhalt unserer Hoffnung ist. Er ist zugleich die Brücke, die Vertrauen möglich macht. Er war da, er ist da, und er kommt. Der Glaube an ihn entzieht unseren Erfahrungen den Charakter des Endgültigen.

Möglicher Schluß

Der Grund solchen unbeirrten Vertrauens ist Jesus Christus. Er ist das Person gewordene Wort Gottes an uns. Sein Leben lehrt uns, hinter den eigenen Grenzen und eingeschränkten Möglichkeiten Gottes erstaunliches Walten zu erwarten und nach ihm Ausschau zu halten. Bei ihm lernen wir auch, unseren Blick zu weiten und mehr zu sehen als nur das, was sich den natürlichen Augen bietet. Das mag eine Verzögerung, ein Ausbleiben der Erwartung, ein Nein Gottes sein. Im Glauben an Jesus Christus aber mag diese Spanne noch einmal die Chance sein, umzukehren, Vertrauen zu lernen, Hoffnung zu wagen, eine Hoffnung, die wir uns nicht nehmen lassen wollen. Amen.

Estomihi

Predigttext: Lukas 18,31–33
Willy Beppler

Theologisch-homiletische Skizze

Estomihi ist der Sonntag vor der Passionszeit. Der Weg Jesu hinauf nach Jerusalem ins Leiden und in den Tod wird vorgestellt. Bonhoeffer: »Christus entzog sich so lange dem Leiden, bis seine Stunde gekommen war; dann aber ging er ihm in Freiheit entgegen, ergriff es und überwand es. Christus – so sagt die Schrift – erfuhr alles Leiden aller Menschen an seinem Leibe als eignes Leid – ein unbegreiflich hoher Gedankengang –, er nahm es auf sich in Freiheit.« Die Jünger (Gemeinde) waren und sind blind dafür, wie der Blinde in der nachfolgenden Geschichte. Von ihm kommt die Verheißung, daß auch wir sehen werden.
Das dürfte der Grund sein, warum die alte Kirche diese Perikope der Passionszeit unmittelbar voranstellt. Ich würde einer Ausweitung des Textes (18,31–43) zustimmen, auf keinen Fall jedoch seiner Verkürzung auf 18,31–33.
Estomihi ist auch Karnevalssonntag. Das schafft in vielen Gemeinden wahrscheinlich Probleme, zumindest wenn der Gottesdienst dem Evangelientext zugeordnet wird. Es wird noch einmal kräftig auf die Pauke gehauen, bevor es bergauf abwärts geht. Jerusalem, wie es singt und lacht. Über das bei solchen Versuchen selbstproduzierte Leid soll hier nicht meditiert werden. Es ist nicht das Leiden, von dem Christus spricht; aber es wird darin sicherlich auch aufgehoben.
Leben und Leiden sind in der biblischen Botschaft nicht identisch. Leiden ist auch kein Selbstzweck. Es kann zur Konsequenz des Glaubens gehören, Widerstände durchzuhalten, als aktive Geduld auf das Ziel hin: Gottes Schalom (Jes. 32,16–18; Apg. 10,34–36).
Es gibt eine berechtigte Sehnsucht des Glaubens nach einer neuen Welt. Die Sehnsucht nach dem neuen Jerusalem entläßt uns aber nicht aus der Welt, bindet uns vielmehr an die Erde, hält uns fest, verpflichtet uns (Bonhoeffers Brief vom 21.7.44, Kontexte).
Estomihi = Sei mir ein starker Fels (Ps. 31). Die Stärke dieses Gottes liegt in seiner Schwachheit, in seinem Lebens- und Liebeswillen für seine Geschöpfe, im Ertragen seines Bundes. Die Bibelwochentexte 1988 aus Jesaja bezeugen einen Gott, der Schwerter zu Pflugscharen schmieden läßt, nicht einen, dem wir nach geschlagenen Schlachten zusingen: »Herr, wir preisen deine Stärke«. Um Gottes Stärke richtig einschätzen zu können, müssen wir Jes. 52,13–53,12 lesen. Daran haben sich Lieder und Gebete zu orientieren.

Texte zur Liturgie

Eingang

Jes. 52,13–15

Alternativ

Herr, bei dir suche ich Zuflucht (Asyl!),
laß mich nicht noch länger entwürdigt werden,
rette mich durch deine Gerechtigkeit!
Höre mich an und befreie mich bald.
Ich will jubeln und mich freuen über
deine Zuneigung;
denn du hast gesehen, wie ich leide,
mein Elend hat dich betroffen,
du weißt, was für Schwierigkeiten ich hatte.
Wie groß ist deine Güte, Herr,
die du bereit hältst für alle,
die Ehrfurcht vor dir haben und dich ehren.
(Ps. 31)

Sündenbekenntnis

Gebet: Allan Boesak Predigtschluß (Kontexte).

Alternativ

Ein einzelner Mensch trägt,
was wir alle nicht ertragen können;
er erleidet,
was wir uns leisten;
er läßt sich schlagen,
weil wir Gewalttäter sind;
er stürzt in den Abgrund,
weil wir die Brücken zum Leben abbrechen;
er gibt sich verloren,
weil wir an falschen Sicherheiten kleben;
er hängt in der Gottverlassenheit,
weil wir Gott verlassen haben;
er gibt sein Leben,
weil wir das Leben zerstören;
er bestreitet,
was wir für richtig halten;
er sieht die Wirklichkeit Gottes,
während wir falschen Träumen anhängen:
Jesus von Nazareth,
der Gekreuzigte.
Herr, erbarme dich!

Gnadenwort

Wie Jesus Christus Gottes Zuspruch der Vergebung aller unserer Sünden ist, so und mit gleichem Ernst ist er auch Gottes kräftiger Anspruch auf unser ganzes Leben; durch ihn widerfährt uns frohe Befreiung aus den gottlosen Bindungen dieser Welt zu freiem, dankbaren Dienst an seinen Geschöpfen. (Barmen II)

Kollektengebet

(Aus der Botschaft der I. Vollversammlung des Ökumenischen Rates der Kirchen, Amsterdam 1948.)

»Wir wollen Gott bitten, uns miteinander zu lehren, daß wir ein echtes Nein und ein echtes Ja sprechen.

Ein Nein zu allem, was der Liebe Christi zuwider ist, zu jedem System, zu jedem Programm, zu jedem Menschen, die einen Menschenbruder behandeln, als wäre er nicht Gottes Geschöpf, sondern ein Stück Ware, das man ausnützen kann; ein Nein zu denen, die im Namen der Ordnung das Unrecht zum Recht machen, zu denen, die die Saat des Krieges säen oder zum Kriege drängen, weil er doch unvermeidbar sei.

Ein Ja aber zu allem, was mit der Liebe Christi zusammenstimmt, zu allen Menschen, die das Recht aufrichten, zu allen, die in der Welt einen echten Frieden schaffen möchten, zu allen, die um des Menschen willen hoffen, kämpfen und leiden, ein Ja zu allen denen, die – selbst ohne es zu wissen – sich ausstrecken nach einem neuen Himmel und einer neuen Erde, in welchen Gerechtigkeit wohnt.«

Darum bitten wir um Jesu Christi willen, der mit dir und dem Hl. Geist lebt und regiert von Ewigkeit zu Ewigkeit.

Fürbittengebet

Gebet in der Passionszeit

Alternativ

Sende mich als dein Werkzeug

(Gebet der Mitarbeiter des Südafrikanischen Kirchenrates.)

Gebet in der Passionszeit

Herr, lehre uns dein Leiden zu bedenken,
damit wir etwas verstehen von dem Leiden der kleinen Leute,
dem Leiden der Massen,
dem anonymen Leiden, der alten und der neuen Armut,
dem Leiden derer, die kein menschliches Leben führen,
die noch nicht einmal einen ordentlichen Tod sterben,
die nur davon träumen, satt zu werden,
in einem Bett zu schlafen
oder einen Arzt zu haben, der ihnen hilft.

Herr, wir bitten für die Leidenden.
Laßt uns zum Herrn rufen: Herr, erbarme dich!

Herr, lehre uns dein Leiden zu bedenken,
damit wir eingedenk sind des Leidens der Menschen,
die unterdrückt, ausgebeutet, entrechtet werden,
deren Leben bedroht ist von Rassismus und Fremdenhaß,
Todesschwadronen, Gewalt und Gegengewalt;
die aus ihren Häusern und von ihrem Land vertrieben werden,
weil andere die Freiheit für Konsum und Luxus beanspruchen;
Menschen werden gefoltert, vergewaltigt,
verschwinden auf Nimmerwiedersehen.

Herr, wir bitten für die Leidenden.
Laßt uns zum Herrn rufen: Herr, erbarme dich.

Herr, lehre uns dein Leiden zu bedenken,
bei denen, die leiden für Gerechtigkeit und Frieden;
sie tun den Mund auf, wo sie besser schwiegen, um nicht aufzufallen;
sie schweigen, wo die Mächtigen ihren Jubel erwarten;
sie sagen Nein, wo für Militarisierung und Gewalt
ein Ja erwartet wird;
sie sagen Ja zu Feindesliebe und Versöhnung;
sie leisten Widerstand gegen Apartheid;
sie kämpfen für Menschenwürde und Freiheit.

Herr, wir bitten für die Leidenden.
Laßt uns zum Herrn rufen: Herr, erbarme dich.

Herr, lehre uns dein Leiden zu bedenken,
damit uns bewußt wird, wenn Menschen in unserer Nähe leiden,
weil sie einsam sind, sich krank fühlen, Schmerzen haben,
Drogensüchtige, Alkoholiker und ihre Familien,
Arbeitslose, die an sich und der Welt verzweifeln,
Menschen, die sich und andere quälen,
Ausländer und Asylsuchende auf der Suche nach einem Platz zum Leben;
wir selbst, wenn wir leiden oder Leiden verursachen
durch Rücksichtslosigkeit, Gemeinheit, Gleichgültigkeit,
durch unseren Lebensstil, unser Sicherheitsverlangen, Karrieredenken.

Herr, wir bitten für die Leidenden.
Laßt uns zum Herrn rufen: Herr, erbarme dich.

(Anstelle des Gebetsrufes der Gemeinde kann auch ein Kehrvers gesungen werden.)

Sende mich als dein Werkzeug

Herr, du hast mich gebeten, dir meine Hände zu geben, um sie für deine Anliegen einzusetzen.

Ich gab sie dir für einen Augenblick, aber dann zog ich sie zurück, denn die Arbeit war hart.

Du hast mich gebeten, dir meinen Mund zu geben, damit ich die Ungerechtigkeit laut ausspreche.

Ich gab dir ein Flüstern, damit ich nicht angeklagt würde.

Du hast mich gebeten, dir meine Augen zu geben, um die Leiden der Armut zu sehen.

Ich schloß meine Augen, weil ich das nicht wissen wollte.

Du hast mich gebeten, dir mein Leben zu geben, damit du durch mich arbeiten könntest.

Ich gab dir einen kleinen Teil, um nicht zu tief hineinverwickelt zu werden.

Herr, vergib mir, daß ich meinen Einsatz, dir zu dienen, kalkulierte und mich nur einsetze, wenn es mir angebracht erscheint.

Herr, vergib mir, daß ich mich nur dann einsetze, wenn es mir sicher genug erscheint, daß ich mich nur mit denen zusammen einsetze, die es mir leichtmachen.

Vater, vergib mir, erneuere mich und sende mich als dein brauchbares Werkzeug aus.

Laß mich den Sinn deines Kreuzes ernst nehmen.

(Gebet der Mitarbeiter des Südafrikanischen Kirchenrates.)

Liedervorschläge
Wer bringt dem Menschen, der blind ist, das Licht?
(z.B. in: Singe, Christenheit 787)
Blinde bleiben blind
(z.B. in: Singe, Christenheit 775)
Laß uns in deinem Namen, Herr, die nötigen Schritte tun
(z.B. in: Singe, Christenheit 769)
Herr, deine Liebe ist wie Gras und Ufer
Auf und macht die Herzen weit (Gottesdienstbeginn)
Ohren gabst du mir, hören kann ich nicht
(z.B. in: Singe, Christenheit 657)
Ein wahrer Glaube Gotts Zorn stillt (EKG 246)

Dringend abraten möchte ich von 252 (»Lasset uns mit Jesum ziehen«). Von 256 empfehle ich nur die Strophen 4 und 6 (»Fällts euch zu schwer, ich geh voran« / »So laßt uns denn dem lieben Herrn mit unserm Kreuz nachgehen«).

Vorschläge zur Predigt

Der eine weiß alles, die anderen wissen nichts. Der eine sieht klar, die anderen sind blind. Der eine stellt sich dem, was auf ihn zukommt, die anderen stehen im Abseits. Die Ignoranz der Jünger wird dreifach betont. Sie gibt uns Anlaß, darüber nachzudenken.
Jesus war nicht allwissend. Er liest vielmehr die Zeichen der Zeit. Jesus hatte politisches Bewußtsein. Er durchschaut die Mechanismen der Macht. Aber er reagiert nicht nur, er agiert. Er bestimmt das Geschehen. Bei politischem Bewußtsein dürfte es nicht allzu schwierig gewesen sein, den Ablauf der Ereignisse vorauszusehen, so wie die Gefangenen in südafrikanischen, südkoreanischen oder chilenischen Gefängnissen wissen, was sie erwartet. Oder wie auch die wissen, was sie erwartet, die sich dort für soziale Gerechtigkeit, politische Freiheit und Menschenrechte einsetzen. Wenn das Ziel, die »Liquidierung« feststeht, gehört alles andere zum Ritual: Übergabe an das Militär, Polizei, Verhöhnung, Folter, Mißhandlung, nicht selten Tod.
Jesus akzeptiert diesen Weg, weil er als Zeuge mit seinem Leben für die Wahrheit seiner Botschaft einsteht. Er geht den Weg freiwillig bis zum bitteren Ende. »Er ist der Sehende unter tausend Blinden, weil er der Glaubende ist« (Iwand).

Warum erzählt Jesus das seinen Jüngern, nicht zum ersten, sondern bereits zum dritten Mal? Was hätten die Jünger mit diesem Hinweis machen sollen? Hätten sie zurückfragen sollen: Ist das auch Evangelium, frohe Botschaft oder Gesetz? Ist das auch Predigt vom Reich Gottes? Sie schwiegen verständnislos und verlegen, vielleicht auch entsetzt.
Jesus versucht, die Jünger vorzubereiten. Er sucht Weggenossen, Freunde, Gehilfen des Leidens. Wer sagt denn, daß Jesus den Weg allein gehen wollte? »Könnt ihr nicht eine Stunde mit mir wachen?« Jesus bittet um Beistand. Gott sucht Menschen, die sich beteiligen an seinem Leiden an und für die Welt. Er ist der Gott, der alles mit uns teilt (englisch: sharing), auch das Leid. Er ist der Gott auf Partnersuche. Darum beruft er Gemeinde (siehe dazu auch Bonhoeffers Gedicht). Wir sollen teilnehmen an Gottes Hinwendung, Zuwendung und Leiden an der Welt. Ja, das ist auch Evangelium, gute Botschaft, Predigt vom Reich Gottes (Röm. 6,4).

Die Annäherung an Jerusalem ist die Annäherung an das Leiden, nicht an die Parusie (Verklärung, Verherrlichung). Aber genau das verstehen die zukünftigen Bischöfe der Urgemeinde nicht. Sie verfallen nicht nur einem Mißverständnis. Sie sind blind. Die Emmausjünger bringen die Sache auf den Punkt nach der Kreuzigung: Jesus von Nazareth ist tot. Wir aber hofften, er solle Israel erlösen (Lk. 24,21). Sie sind blind wie der Blinde in der nachfolgenden Geschichte, der doch mehr sieht. Seine Heilung ist Verheißung, daß auch die Jünger – und wir mit ihnen – sehend werden.

Jesus beruft sich auf die Propheten. Das prophetische Amt der Kirche ist heute umstritten, vielen suspekt, weil es auch ein politisches Amt ist. War das auch schon zu Jesu Zeiten so? Reklamiert die Gemeinde mit der Berufung auf Jes. 52–53, hier und z.B. Apg. 8,32 vergessene, verdrängte, unterdrückte Traditionen? Unterschiedliche Bibelkenntnis, verschiedene Lesarten der Bibel: beschwichtigende und alarmierende, repressive und progressive, Staatstheologie, Kirchentheologie und prophetische Theologie (südafrikanisches »Kairosdokument«).
»Eine wirklich prophetische Theologie wird immer auch zutiefst spirituell sein. Alles, was sie sagt und tut, muß mit dem Geist von Mut und Furchtlosigkeit erfüllt sein, mit dem Geist von Liebe und Verständnis, Freude und Hoffnung, Stärke und Entschlossenheit. Eine prophetische Theologie muß das Wesen Christi in sich haben, seine Bereitschaft zu leiden und zu sterben, seine Demut und Kraft, seine Bereitschaft zu vergeben und seinen Zorn über die Sünde, seinen Geist des Gebetes und des entschlossenen Handelns.« (Kairos-Dokument)
Jesus »betreibt« prophetische Theologie. Deshalb geht er nach Jerusalem ins Leiden und ans Kreuz. Deshalb ist seine Botschaft auch nicht ohne Hoffnung. Nach dem Tod kommt die Auferstehung.
Alles wird sich erfüllen, nicht nur die bequeme halbe Wahrheit, sondern auch das andere, von dem wir meinen, daß Gott so etwas nicht zulassen kann.

Auferstehung statt Verklärung: verlieren und doch gewinnen, siegen ohne Machtgewinn, Hoffnungslosigkeit ohne Resignation, loslassen ohne aufzugeben, glauben ohne Idealismus. Können wir das begreifen? Kein Macht- und Durchsetzungsvermögen, das erzwingen, sondern Zuwendung, die überwinden will. Jesus nicht ausliefern an den Unglauben, der glaubt, daß wir ja doch nichts erreichen, sondern den Weg des Glaubens weitergehen. Eine andere Art der Bilanzierung von Erfolg und Verlust, nämlich der von Salz und Licht, nicht der von Kapital und Uran.
Das sind keine Argumente gegen Wirtschaftssanktionen und Apartheidboykott, aber es ist die Verweigerung von Resignation und Gewalt, die beide bezogen sind auf einen falschen Gott der Stärke.

Vom Gott der Stärke zu sprechen, liegt am Sonntag Estomihi »Sei mir ein starker Gott« nicht so abseits. Das wünschen wir uns allzuoft: Der starke Gott, den wir unsere feste Burg sein lassen, indem er unsere Rolle stabilisiert, unsere Positionen stützt, der uns nicht im Stich läßt, egal, was wir uns leisten; der die Erde in seiner Hand hält und bewahrt, egal wieviel Vernichtungspotential wir anhäufen und Krieg gegen die Natur führen; der Verteidiger des Glaubens gegen die bösen Atheisten; der Gott, der die Bergpredigt in dieser Welt zur Schwärmerei macht; der Gott der Staatstheologie, der die Pazifisten zu Kommunisten stempelt; der Gott der Kirchentheologie, die Jesus zum Sieger proklamiert, indem er uns die Siege genießen läßt; der Gott von Röm. 13, der bei Christen die Staatstreue einklagt und das Machtmonopol für den Staat; der Christus, der das Leiden historisch hinter sich gelassen hat und deshalb heute nicht mehr leidet mit den Armen, Elenden, Unterdrückten, Gefolterten und zu Tode Gequälten und Hungernden, der sich höchstens noch zu ihnen herabläßt, aber nicht mehr solidarisch mit ihnen lebt und mit ihnen nach Gerechtigkeit schreit, sondern zum Gesprächspartner des Pilatus und Komplicen seinesgleichen wird. Das krasseste Beispiel dieses Gottes ist heutzutage die Präambel der Südafrikanischen Verfassung. Aber auch unsere eigenen Denkbilder über Gott und Christus stehen theologisch, praktisch, kirchlich, christlich zur Debatte. Mit dem »starken Gott« kommen wir auf dem Weg hinauf nach Jerusalem nicht zu Rande. Er ist der Götze, der uns blendet; er ist die Macht, die tötet, aber nicht der Gott, der lebendig macht.

Auferstehung anstatt Verklärung. Verklärung wäre nach unserem Geschmack. Wir verklären Vergangenheit, Gegenwart und Zukunft. An die Stelle des Jesus, der uns die Augen öffnet dafür, daß der Weg der Hoffnung schwer und »sehr schmerzhaft« (Kairos-Dokument) sein wird, tritt Jesus der Therapeut, der uns auf die Couch legt. Bekehrungserlebnisse anstelle von Nachfolge, Religiosität anstelle von Glaubensgehorsam, Harmonielehre anstelle von Konfliktlernen, Versöhnung ohne Gerechtigkeit.

Nur der Weg, den Jesus nach Jerusalem geht, führt zur Erfüllung der Hoffnung, für die hier »Auferstehung« steht. Es führt kein anderer Weg nach Küsnacht. Will besagen: Es gibt einen inneren unauflösbaren Zusammenhang zwischen dem Leidensweg und dem Heil, Gerechtigkeit und Befreiung. Jes. 53,12: »›Darum‹ will ich ihm die Vielen zur Beute geben.« Dieses »darum« nach all dem, was vorher von dem Knecht gesagt wurde. Das Kreuz ist das Zeichen der Hoffnung; es ist zugleich auch das Zeichen der schmerzhaften Nachfolge nach Jerusalem. Das Kreuz macht die »weltleidenschaft des ewigen gottes« offenbar (Kurt Marti), aber es ist auch die Stunde der Demaskierung der Frommen und Heiden als Feinde Gottes.

Es gibt eine begründete Hoffnung auf das »neue Jerusalem«, als Ausdruck menschlicher Sehnsucht, aber auch biblischer Verheißung einer anderen besseren Welt ohne das Böse: »In deinen Toren möcht ich stehen, du freie Stadt Jerusalem ...«

Die Verkürzung dieser Hoffnung finden wir in den vielfältigen Irrwegen: »In der Welt der Welt entfliehen ...«, »... verleugnet euch, verlaßt die Welt ...«. Verbaute Fluchtwege. Der christlichen Hoffnung gab Allan Boesak bewegten Ausdruck in seiner Predigt bei der Schlußveranstaltung des 22. Ev. Kirchentages in Frankfurt: »Es muß eine neue Welt geben!« »So wartet die Gemeinde auf das Kommen des Herrn ...«, »und sie verzehrt sich vor Sehnsucht nach dem neuen Jerusalem ...« (Kontexte).

Hoffentlich haben wir etwas von dieser Sehnsucht in uns. Wenn nicht, ist das ein Mangel an Spiritualität mit Defiziten unseres Christseins an allen Ecken und Enden. Unzufriedenheit mit den Alltäglichkeiten ist noch kein Zeichen dieser Sehnsucht. Stimmungshafte Gefühligkeit noch kein Ausdruck der großen Hoffnung auf einen neuen Himmel und eine neue Erde, in denen Gerechtigkeit wohnt. Keine oberflächliche Kritik an der Wohlstandsgesellschaft, eher schon Verdacht auf Realitätsverlust, gestörtes Wahrnehmungsvermögen um uns herum und weltweit, Verdrängung von Problemen, falschen Beruhigungen und Vertröstungen, scheinbaren Sicherheiten aufgrund der Entpolitisierung unseres Glaubens aus der Perspektive Gottes, der Partei ergriff für die Armen, und der Individualisierung des Glaubens im Schatten der Mächtigen.

Bonhoeffer fragte: »Wie sieht nun aber dieses Leben aus ... der Teilnahme an der Ohnmacht Gottes in der Welt?« Er gab darauf aus dem Gefängnis heraus in einem seiner letzten Briefe Antwort – vielleicht ist es der berühmteste Brief von ihm: Teilnehmen am Leiden Gottes im weltlichen Leben. (Kontexte)

Teilnehmen am Leiden Gottes im weltlichen Leben ist Teilnehmen an der Weltverantwortung. Im Jahr 1988 (und wahrscheinlich auch noch in den darauf folgenden Jahren) stellt sich die Frage konkret so: Wie müßte bei uns der konziliare Prozeß für Gerechtigkeit, Frieden und Bewahrung der Schöpfung aussehen? Was müssen wir für ihn von uns und der Kirche erwarten? Das ist also die Frage nach unserem politischen Bewußtsein als Christen und Gemeinde.

Sind wir wie die Jünger immer noch blind, geblendet von verkürzten Heilserwartungen? Sehen wir vor lauter Sehnsucht nach dem himmlischen Jerusalem nicht die uns abverlangten Schritte ins irdische Jerusalem des Leidens und der Entbehrungen? Haben wir im Verlangen nach dem ewigen Heil die Welt aufgegeben, die Gott doch so sehr geliebt hat, daß er seinen eingeborenen Sohn gab? Halten wir angesichts des ewigen

Lebens das wirkliche Leben hier für bedeutungslos, obwohl es doch Teil der Schöpfung ist, als deren Schöpfer wir den Vater Jesu Christi bekennen?
Politisches Bewußtsein ist etwas, was uns das Evangelium Christi mit auf den Glaubensweg gibt als Elementarausstattung des Glaubens zur Unterscheidung der Geister. Politisches Bewußtsein des Glaubens eröffnet Christen auch die dringend notwendige Einsicht, wie sehr wir selbst wie die übrige Gesellschaft von unserer Erziehung und Sozialisation her geprägt sind und daß dies Voraussetzungen sind, die wir meistens nicht verrechnen und uns als so unvoreingenommene Christen vorkommen. Aber da liegen Gründe vor, warum wir blind sind für Christus und seine Botschaft, obwohl wir ihn doch so gut zu kennen meinen. Das haben die Jünger wahrscheinlich auch geglaubt.
Der Mangel an politischem Bewußtsein scheint mir nach wie vor das größte spirituelle Defizit der Christen und der Kirche zu sein – übrigens auch der Friedensbewegung.
Ja, es ist ein schwerer Weg für uns, mit Jesus hinaufzuziehen nach Jerusalem. Es ist ein Weg der Umkehr und des Leidens, aber es ist auch der einzige Weg der Hoffnung für uns. Jesus fragt uns nicht, ob wir ihn gehen wollen. Er fordert uns auf, diesen Weg mit ihm zu gehen.

Alternativer Predigtanfang
Denkbar wäre auch der Beginn mit dem Schlußteil der Predigt von Allan Boesak und unseren echten und verkürzten Heilserwartungen. Als Kontrastprogramm die Leidensankündigung Jesu dagegenstellen oder daranhalten.
So könnte die Blindheit der Jünger, die auch unsere Blindheit ist, anschaulich gemacht werden als eine Blindheit des Glaubens, der in die falsche Richtung sieht oder an Sehschärfe verloren hat.
Schwerpunkt beider Predigtentwürfe ist der Zusammenhang von Leiden und Heil, von Weltleidenschaft und Auferstehungshoffnung, die kennzeichnend sind für das Leben der Gemeinde in der Welt als Zeugen und Partner Gottes.

Kontexte
Estomihi = Psalm 31

Du befreist mich von der Mafia der Gangster
Psalm 30 (31)

Dir, Herr, vertraue ich,
laß mich nicht zuschanden werden.
Du befreitest mich von der Mafia der Gangster,
in Deine Hände befehle ich meinen Geist.

Du, Herr – Gott der Wahrheit –,
hast mich befreit.
Du verabscheust die Anhänger trügerischer Idole,
die törichten Parolen folgen,
ich aber hoffe nur auf Dich – Herr.

Du gabst ihrer Geheimpolizei keine Macht über mich,
Du befreitest mich aus dem Konzentrationslager.

Habe Mitleid mit mir, Herr, denn ich bin in Not.
Während sie sich auf ihren Festen zutrinken,
schlucken wir an unseren Tränen, nachts,
im ausgeplünderten Haus.

In Trauerkleidern sitzen wir bei Tisch,
denn ein Platz ist leer geblieben.
Blaß und schweigend erwarten wir,
daß man an unsere Tür klopft.
Die Nachbarn grüßen uns nicht,
die Arbeitskollegen scheinen uns nicht mehr zu kennen.
Unser Name wird nicht mehr ausgesprochen,
es ist, als hätten wir niemals existiert.

Die ganze Nacht hindurch hören wir im Radio, wie man uns beschimpft.
Die Techniker versammeln sich des Nachts,
um perfekte Pläne gegen uns zu schmieden.
Herr, laß uns nicht zuschanden werden.
Laß ihre Lügensender, die den Gerechten schmähen,
für immer verstummen.

Deine Gegenwart ist für uns wie ein Verteidigungswall
und wie ein Luftschutzbunker.

(Ernesto Cardenal, Zerschneide den Stacheldraht, Südamerikanische Psalmen. Wuppertal, 3. Auflg. 1968)

jesus

1

mit einer schar von freunden (freundinnen auch)
durch galiläas dörfer und städte ziehend
hat er kranke geheilt und geschichten erzählt
von der weltleidenschaft des ewigen gottes

4

in einer patriarchalischen welt blieb er der sohn
und ein anwalt unmündiger frauen und kinder

wollten galiläer ihn gar zum König erheben? er aber
ging hinauf nach jerusalem: direkt seinen gegnern ins garn

7
anstatt sich verstummt zu verziehen ins bessere jenseits
brach er von neuem auf in das grausame diesseits
zum langen marsch durch die viellabyrinthe
der völker der kirchen und unserer unheilsgeschichte

(aus: Kurt Marti, jesus, in: abendland, gedichte von kurt marti, luchterhand 1980, S. 45f.)

Mitleiden
Christus entzog sich solange dem Leiden, bis seine Stunde gekommen war; dann aber ging er ihm in Freiheit entgegen, ergriff es und überwand es. Christus – so sagt die Schrift – erfuhr alles Leiden aller Menschen an seinem Leibe als eigenes Leiden – ein unbegreiflich hoher Gedanke –, er nahm es auf sich in Freiheit. Wir sind gewiß nicht Christus und nicht berufen, durch eigene Tat und eigenes Leiden die Welt zu erlösen, wir sollen uns nicht Unmögliches aufbürden und uns damit quälen, daß wir es nicht tragen können, wir sind nicht Herren, sondern Werkzeuge in der Hand des Herrn der Geschichte, wir können das Leiden anderer Menschen nur in ganz begrenztem Maße wirklich mitleiden. Wir sind nicht Christus, aber wenn wir Christen sein wollen, so bedeutet das, daß wir an der Weite des Herzens Christi teilbekommen sollen in verantwortlicher Tat, die in Freiheit die Stunde ergreift und sich der Gefahr stellt, und in echtem Mitleiden, das nicht aus der Angst, sondern aus der befreienden und erlösenden Liebe Christi zu allen Leidenden quillt. Tatenloses Abwarten und stumpfes Zuschauen sind keine christlichen Haltungen. Den Christen rufen nicht erst die Erfahrungen am eigenen Leibe, sondern die Erfahrungen am Leibe der Brüder, um derentwillen Christus gelitten hat, zur Tat und zum Mitleiden.

Vom Leiden
Es ist unendlich viel leichter, im Gehorsam gegen einen menschlichen Befehl zu leiden als in der Freiheit eigenster verantwortlicher Tat. Es ist unendlich viel leichter, in Gemeinschaft zu leiden als in Einsamkeit. Es ist unendlich viel leichter, öffentlich und unter Ehren zu leiden als abseits und in Schanden. Es ist unendlich viel leichter, durch den Einsatz des leiblichen Lebens zu leiden, als durch den Geist. Christus litt in Freiheit, in Einsamkeit, abseits und in Schanden, an Leib und Geist, und seither viele Christen mit ihm.
(Dietrich Bonhoeffer, Widerstand und Ergebung, Neuausgabe, 3. Aufl. 1985, S. 23–24)

Ein Gott, der leidenschaftlich will, daß die Völker dieser Erde aufhören, Krieg zu lernen, kann nie in einer Welt zu Hause sein, in der Menschen ihren Lebensunterhalt durch Krieg und Zerstörung verdienen, in der diejenigen, die Kinder umbringen, Orden bekommen und in der Gewalt und Grausamkeit verherrlicht werden.
Ein Gott, der mit brennendem Eifer wünscht, daß die Menschen begreifen, was es heißt, im Lichte des Herrn zu wandeln, kann nicht in einer Welt zu Hause sein, die voller Götzen ist. Ein Gott, der diese Welt geschaffen hat und sah, daß sie gut war,

kann nicht in einer Welt zu Hause sein, in der seine Wälder unter Bulldozern vergewaltigt werden und in der Industrieabwässer Meere und Flüsse töten.
Eine Welt, in der kleine Kinder sterben, weil sie Zeitungspapier mit Essensresten vermischt essen, wie in den Umsiedlungslagern in Südafrika – nein, eine solche Welt kann kein Zuhause sein für den Gott des Exodus, der Propheten und des Jesus von Nazareth.
Es muß eine neue Welt geben! Johannes spürt dies so eindringlich, daß er mit voller Überzeugung sagt: Dieser Tag ist gekommen. Dafür hat die Gemeinde Jesu gearbeitet, darum hat sie gerungen, dafür ist sie gestorben. Gerechtigkeit und Menschlichkeit, Frieden und Fülle des Lebens. Dieser Augenblick ist gekommen; denn der auf dem Thron sitzt, sagt: »Siehe, ich mache alles neu!« »Siehe«, sagt Gott, Schöpfer des Himmels und der Erde, Bewahrer der Unschuldigen, Helfer der Armen und Niedrigen, Freund der Fremden und Heimatlosen, Liebhaber der Menschen, »Siehe, ich mache alles neu!«
So wartet die Gemeinde auf das Kommen des Herrn; dann endlich soll Gottes neue Welt geboren werden. Diese Wartezeit aber ist angefüllt mit tätiger Hoffnung, mit freudiger Gewißheit. Die Gemeinde arbeitet und lebt, sucht und stiftet Frieden in heiliger Ungeduld; sie befreit die Gefangenen und zerbricht das Joch der Unterdrückung; sie heilt die Kranken und öffnet die Gefängnisse; sie nimmt die Flüchtlinge auf und schützt die Fremden. Wie ihr Gott verbrennt sie die Kriegswagen und vernichtet die Waffen des Krieges und der Zerstörung; denn sie verzehrt sich vor Sehnsucht nach dem neuen Jerusalem. Und indem sie dies tut, betet sie: »Komm, Herr Jesus.«

Schmerz und Tränen und Angst müssen ein Ende haben.
Komm, Herr Jesus ...
Die Ordnungen dieser Welt müssen anders werden.
Komm, Herr Jesus ...
Haß muß zur Liebe und Angst muß zur Freude werden.
Komm, Herr Jesus ...
Krieg muß ein Ende haben, Apartheid muß ein Ende haben
und Frieden muß regieren.
Komm, Herr Jesus ...
Der Geist und die Braut sprechen: »Komm!«
Und wer es hört, der spreche: »Komm!«
Die Gnade des Herrn sei mit seiner ganzen Gemeinde!
Amen.
(Allan Boesak, Sehnsucht nach dem neuen Jerusalem, Predigt im Abschlußgottesdienst des 22. Deutschen Evangelischen Kirchentages am 21. Juni 1987 in Frankfurt/Main)
(Text mit dem Redetext verglichen!)

Invokavit

Predigttext: Lukas 22,31–35
Theodor Bohlen

Theologisch-homiletische Skizze

1. Die Perikope will bewußt machen, wie gefährdet der Glaube jedes Menschen ist und wie sehr dieser Glaube der fürbittenden und bewahrenden Treue Jesu bedarf. Damit wird das Thema meiner Predigt deutlich: Unser Glaube ist immer wieder angefochten. Zweifeln ausgesetzt, der Macht des Bösen ausgeliefert. Wir stehen stets neu in der Gefahr, den Glauben nicht ernstzunehmen, nur mit den Lippen zu bekennen, zu verschlafen, zu verleugnen, zu verraten. Das Bild des Rüttelsiebes in der Hand des Satans bringt besonders stark zum Ausdruck, wie sehr der Mensch in seinem Glauben von Anfechtungen, Zweifeln, Zumutungen und Fragen hin- und hergeworfen sein kann.
Um so deutlicher muß der Prediger deshalb die Macht und die Kraft der fürbittenden und bewährenden Treue Jesu herausstellen. Der Glaubende ist zwar der Macht des Bösen ausgesetzt, und es ist ihm keineswegs verheißen, daß sie ihn nicht treffen wird; aber noch weit mehr steht er unter der Macht Gottes. Wer glaubt, vertraut nicht auf sich selbst, nicht auf die eigene Glaubensstärke, sondern auf die Fürbitte und die Kraft Jesu, »die sich schon für ihn entschieden hat« (E. Schweizer). »Gnade wirkt nicht nur rückwärts, sondern auch nach vorn, sie ist zu groß, als daß unser Schlafen, unsere Feigheit, unser Verleugnen und Verzweifeln sie umbringen könnte. Sie bewältigt nicht nur verzeihend unsere böse Vergangenheit, sondern überholt immer auch unsere dunkle Zukunft« (K. Zillessen, ZPG 1984/2, S. 18). Glaube ist das Wagnis, immer wieder neu der Verheißung und Zusage Jesu zu vertrauen.

2. In meiner Predigt möchte ich diesen so beschriebenen Glauben an der Person des Simon Petrus konkretisieren, die Gestalt des Petrus in den Mittelpunkt der Predigt stellen. Der kurze Dialog zwischen Jesus und Petrus im Predigttext lädt dazu ein. Ich möchte am Sonntag Invokavit, dem ersten Sonntag in der Passionszeit, den gesamten Kontext der Leidensgeschichte Jesu miteinbeziehen. Gerade in der Passionsgeschichte wird deutlich, daß die leidenschaftlichen Aussagen des Petrus zur bedingungslosen Nachfolge der Realität nicht standhalten. Petrus ist hier das Bild des Menschen, der allen Versuchungen ausgesetzt ist und dessen Glaube einzig von der Kraft der bewahrenden Liebe Jesu lebt. Daß Jesus diesen Petrus gar in seinen Dienst ruft, auf ihn seine ›Kirche bauen‹ will, kann auch heute Gemeindegliedern Mut zur Mitarbeit und zum Engagement in Gemeinde und Kirche machen.

Vorschläge zur Liturgie

Begrüßung

Unser Glaube ist immer wieder durch Fragen, Zweifel und Versuchungen gefährdet; aber er bleibt von der Liebe Christi umfangen, die uns hält und neue Kraft zum Glauben schenkt. Der Sonntag Invokavit erinnert uns daran.
Ich begrüße Sie sehr herzlich in unserer Kirche und wünsche Ihnen einen gesegneten Gottesdienst.

Gebet

Laß uns dies wissen, Herr, daß du da bist,
wenn wir leiden, wenn Angst uns quält,
wenn unser Leben anders verläuft, als wir es gedacht hatten,
laß uns dann wissen, daß du da bist.
Hilf uns, ganz bei dir zu bleiben,
in jedem Augenblick,
wenn der Zweifel uns überfällt oder die Verzweiflung über uns selbst,
wenn die täglichen Sorgen uns herausfordern,
wenn unsere Kraft nicht ausreicht,
wenn wir das Gefühl haben, daß wir ganz auf uns selbst angewiesen sind und niemand uns hilft.
Hilf uns, ganz bei dir zu bleiben;
denn du bist bei uns; darauf vertrauen wir. Amen.

Fürbittengebet

Herr, der du verlassen warst, in deinem Namen bitten wir
für alle Verlassenen in dieser Welt, für alle,
die mit einsamen Entscheidungen ringen, für alle,
die hier in dieser Stadt in einsamen Zimmern oder auf belebten Straßen nur noch mit sich selbst reden können.
In deinem Namen bitten wir für alle,
die in den Gefängnissen dieser Welt von freundlichen Worten verlassen sind, für alle, die die Schwelle zum Tod überschreiten,
für alle, die Unglück und Trauer von ermutigenden Worten des Nächsten trennt.
Herr, in deinem Namen bitten wir dich für uns selbst.,
die wir dich verlassen haben, zeige uns in diesen Tagen deines Leidens wieder Wege zu dir, damit wir bei dir bleiben, wie du bei uns geblieben bist. Amen.

Lieder

EKG: 208, 289, 294, Fürchte dich nicht (Kirchentagsliederbuch 83, Nr. 700)

Lesungen
Psalmen (in Auswahl): 22; 27; 42; 57; 130; Matthäus 4,1–11; 2. Korinther 4,7–10; Hebräer 4,14–16.

Vorschläge zur Predigt
Möglicher Anfang
Wahrhaftig ein sympathischer und überzeugender Jünger und Freund Jesu, dieser Simon Petrus. Ich sehe ihn vor mir, den Fischer aus Bethsaida, dort am See Genezareth: Spontan, ohne Zögern, ohne Wenn und Aber verläßt er Boot und Netze, um Jesus nachzufolgen.
Ich höre ihn sprechen, dort bei Caesarea Philippi, begeistert für die Sache Jesu: »Herr, wohin sollen wir gehen? Wohin anders als mit dir! Du hast Worte des ewigen Lebens. Du bist Christus, von Gott selbst zu uns gesandt!«
Ich höre ihn reden, dort in Jerusalem nach dem Abendmahl: »Herr, ich werde dir nachfolgen, wohin du auch gehst. Und wenn es sein muß, werde ich mit dir ins Gefängnis und in den Tod gehen!«
Ich sehe ihn vor mir, dort im Garten Gethsemane, mit dem Schwert in der Hand, bereit, für die Sache Jesu zu kämpfen.
Ein überzeugender Jünger und Freund, dieser Simon Petrus!
Aber dann kommt alles anders, als Petrus es sich gedacht hat ...

Zum weiteren Verlauf
1. Im folgenden möchte ich erzählen, wie Petrus seinen Glauben und sein Vertrauen zu Jesus nicht durchhält, als es ernst wird, als er seine Treue zu Jesus zu bewähren hat. In Gethsemane wird er die Entscheidung verschlafen, weil er nicht eine einzige Stunde mit seinem Herrn wachen kann. Bei der Gefangennahme wird er die Sache Jesu verraten, weil er Gewalt mit Gewalt beantworten will. Und in der gleichen Nacht wird er mehrmals ausdrücklich bestreiten, je irgend etwas mit diesem Jesus zu tun gehabt zu haben.
Die Begeisterung, die Spontaneität, die Kraft des Glaubens weichen der Angst, der Aggression, der Hilflosigkeit und schließlich der Resignation.
Ich höre ihn reden, jetzt, da sein Glaube zusammenbricht, da er seine eigene Hilflosigkeit spürt: »Wer bin ich, Simon Petrus, Fischer in Bethsaida am See Genezareth. Wer bin ich? Darf ich mich noch Jesu Jünger nennen? Mir fehlt der Mut, mit ihm zu gehen, für ihn einzutreten. Geflohen bin ich. Verraten habe ich ihn! Mein Leben hat einen Riß bekommen! Aber warum nur nimmt er das Leiden auf sich? Warum sucht er seine Feinde und gibt sich ihnen preis? Ich kann es nicht fassen. Kommt so das Reich Gottes? Hat es Sinn, anderen Menschen von diesem Reich zu erzählen?«

2. Im weiteren Verlauf möchte ich vom angefochtenen, gefährdeten Glauben, von den Enttäuschungen und Zweifeln der Menschen unserer Tage reden; denn im Glauben des Petrus erkenne ich zugleich den Glauben der Menschen von heute wieder.
Ich denke an die Konfirmandin, die sich gemeinsam mit ihrer Freundin den Konfirmandenspruch ausgesucht hat: »Herr, deine Güte reicht, soweit der Himmel ist, und deine Wahrheit, soweit die Wolken gehen.« Während ich über die Straße zu einer Sitzung eile, spricht sie mich an: »Der Bruder meiner Freundin ist vorgestern von einem Auto überfahren worden. Vor sechs Wochen hat sie ihre Mutter durch Krebs verloren. Wie ist das mit unserem Konfirmandenspruch zu vereinbaren?«
Mir fällt das Gespräch der Hirten bei Manfred Hausmann ein: »Friede auf Erden? Ich glaube es nicht. Sie können es doch nicht lassen. Soweit ich mich zurückbesinne, immer ist Krieg gewesen unter den Königreichen. Und immer haben Räuber an den Straßen gelauert. Und immer haben die Schlauen den Einfältigen das Fell über die Ohren gezogen. Und immer sind die Mächtigen auf den Schwachen herumgetreten. Und immer hat der Bruder den Bruder verraten ... Wie soll da Friede auf Erden sein?«
3. Im letzten Teil möchte ich wieder von Simon Petrus reden und von seinen neuen, überraschenden Glaubenserfahrungen erzählen.
Petrus erfährt, daß die Liebe Christi ihn nicht losläßt, auch wenn ihn der Mut zum Glauben verläßt; denn Jesus spricht zu ihm: Fürchte dich nicht. Von nun an wirst du Menschen fangen.
Petrus erfährt: Die Liebe Christi zu ihm ist zu groß, als daß sein Verleugnen und Verraten sie zerstören könnte; denn Jesus bleibt bei seiner Zusage: Du bist Petrus. Auf dich und mit dir will ich meine Gemeinde bauen. Und Petrus erfährt: Leiden und Tod Jesu sind nicht das Ende seiner Hoffnung. Die Liebe Christi läßt ihn durch den dunklen Horizont des Todes schauen. Es ist wie ein Wunder: Petrus und seine Freunde halten auch angesichts des Todes an der Hoffnung fest und bezeugen: Jesus lebt, er ist mit seiner Liebe mitten unter uns. Und sie setzen Jesu Weg fort. Es ist kein einfacher Weg. Aber sie werden gestärkt und können andere stärken.

Möglicher Schluß

Unser Glaube ist immer neu durch Fragen, Zweifel, Versuchungen und Resignation gefährdet. Das wird bleiben, solange wir bleiben. Aber Gott wird es nicht zulassen, daß seine Liebe zu uns an unseren Schwächen und Unvollkommenheiten zerbricht. Er hält seine Hand über uns. Wir werden – wie Paulus sagt – bedrängt, aber nicht erdrückt. Wir spüren Angst, aber wir sind nicht verzweifelt. Wir werden verfolgt, aber nicht allein gelassen. Wir werden zu Boden geworfen, aber uns wird wieder aufgeholfen. Unser Glaube – so sagt Tagore – ist wie der Vogel, der singt, auch wenn die Nacht noch dunkel ist. Amen.

Kontexte

MEDITATION ZUM 18. PSALM

Wellen der Verzweiflung
schlugen über mir zusammen;
kein Boden mehr unter den Füßen.
Mir wurde angst und ich schrie,
meine Schreie gingen ins Leere.
Dann erlebte ich mich plötzlich gefaßt;
konnte wieder Luft holen,
war heraus aus dem Sog.
Die mich ausschalten wollten,
kamen nicht zum Zuge.
Kalt haben sie mit meinen Schwächen
gerechnet,
unbarmherzig sprangen sie mit mir um.
Sie hatten mich schon
und rieben sich die Hände.
Aber sie haben ihr Spiel verloren.
Ich bin ihnen entgangen,
kam frei und fand wieder Lust am
Leben.
Die Angst liegt hinter mir, –
vor mir sehe ich weites Land.
Gott sei Dank.
(Friedrich Karl Barth / P. Horst)

Ich lebe Tag um Tag
so viele Stunden lang
und spüre nichts von dir
Die andern sagen mir
das gibt es einfach nicht
sowas wie einen Gott
Laß mich doch dann und wann
und sei's sekundenlang
erfahren daß du bist
(Lothar Zenetti)

Warum sage ich immer noch
nach so langen Nächten:
Es wird wieder hell!
So viele haben die Fahne
auf halbmast gesetzt.
Warum hoffe ich immer noch,
wo viele zerbrechen?
Warum liebe ich immer noch,
wo viele hassen?
Warum verstehe ich immer noch,
wo viele richten?
Warum vergebe ich immer noch,
wo viele sich rächen?
Warum bete ich immer noch,
wo viele lästern?
Warum sage ich immer noch
nach so vielen Todeserklärungen:
Er lebt!
(Josef Dirnbeck / Martin Gutl)

Zweifle nicht
an dem
der dir sagt
er hat Angst

aber hab Angst
vor dem
der dir sagt
er kennt keinen Zweifel
(Erich Fried)

Betend
also gewohnt
in den Wüsten zu wohnen
Durststrecken zu durchstehen
von jeher
halten wir stand
wir haben den längeren Atem
wir haben die größere Hoffnung

Betend
also mit anderen Augen
sehen wir manchmal ein Zeichen
auf den Zusammenhang weisend
sehen vor Tage
ein wenig schon
wie ein Licht
das verheißene Land

Betend
also denkend das Undenkbare
folgen wir der Spur
halten Schritt mühsam
mit dem der vorangeht
durch Wasser und Wüste

der möglich macht das Unmögliche
der Leben wirkt
aus dem Tod
(Lothar Zenetti)

Es trifft gewiß zu,
daß die Hoffnung eine Gnade darstellt.
Aber fraglos ist sie eine schwierige Gnade.
Man hat sich ihrer oft zu versichern,
denn sie ist nicht dazu angetan,
sonnigen Erbauungsfrieden zu stiften,
sondern, weit eher, uns gefaßt zu machen.
Wer sich ihr anheimgibt,
ist keineswegs gegen alles gefeit.
Die Hoffnung schützt vor keinem Pantherbiß.
Aber sie läßt erkennen,
wessen wir bedürfen, um bestehen zu können.
Vielleicht
ist die Hoffnung die letzte Weisheit der Narren.
(Siegfried Lenz)

Reminiscere

Predigttext: Johannes 8,21–30
Volker Raettig

Theologisch-homiletische Skizze

Ich lese einmal. Ich lese noch einmal. Sperriger Text. Liegt mir nicht. Ich lasse ihn liegen und in mir arbeiten. Ich gebe mich noch einmal ans Lesen. Meine Augen bleiben hängen an der Frage, die fast auf die Zeile genau mitten im Abschnitt steht: »Wer bist du denn?« (Vers 25) Es geht um Jesu Identität. (Vgl. Wreges Exegese, Teil C.) Ich habe diese Frage nach der Identität Jesu in dem einen Auge und fasse ins andere Auge den Vers 21: »... ihr werdet mich suchen.« Fasse ich beide Augen-Blicke zusammen, so erwächst daraus der Gedanke: Wer Jesus ist, gilt es in einer Suchbewegung herauszufinden. Wer er ist, das wird sich mir nicht erschließen so ganz einfach mir nichts, dir nichts, ... von einem Augenblick auf den anderen.
Ich nehme zu diesem Gedanken hinzu reif gewordene Christenmenschen aus meiner Gemeinde und komme zu der Einsicht: Diese Suchbewegung kann sich über ein ganzes Leben erstrecken. Darauf werde ich mich einstellen müssen: »Sucht ihn all Stund von Herzensgrund« (EKG 249) – das werde ich weiten müssen auf alle meine Lebensstunden. Wieder einmal ist langer Atem vonnöten!
Diese Suchbewegung allerdings wird sich lohnen. Ich überblicke das gesamte Kapitel 8 und entdecke zentrale Sätze, die mir den Lohn vergegenwärtigen und den Sinn der Suchbewegung verdeutlichen:
8,12: Wer mir nachfolgt, wird nicht wandeln in der Finsternis.
8,31: Wenn ihr bleiben werdet an meinem Wort, so seid ihr wahrhaftig meine Jünger.
8,36: Wenn euch der Sohn freimacht, so seid ihr wirklich frei.
8,51: Wer mein Wort hält, der wird den Tod nicht sehen in Ewigkeit.
Meine Suchbewegung könnte eine Befreiungsbewegung werden ... von Finsternis und Tod. Die Mühe des Suchens *wird* sich lohnen!

Vorschläge zur Liturgie

Eingangslied

Herr, wir bitten, komm und segne uns (Text u. Melodie: Peter Strauch; aus: Songs junger Christen; auch in: Beiheft 84 zum EKG, hg. EKiR Nr. 647)

Psalm

10,4.11–14.17–18; vgl. auch die Fassung in den Kontexten.

Hauptlied
282

Epistel
Röm. 5,1–11

Evangelium
Mk. 12,1–12

Lied nach der Predigt
249

Kollektengebet (in Anlehnung an ein Lied)
Manchmal Gott, da kennen wir deinen Willen. Aber manchmal, da kennen wir nichts. Erleuchte uns, Herrr, wenn die Fragen kommen. – Manchmal, Gott, da spüren wir deine Liebe. Aber manchmal, da spüren wir nichts. Begleite uns, wenn uns die Angst lähmt. Das bitten wir dich, gütiger Gott, durch unseren Herrn Jesus Christus, der mit dir und dem Heiligen Geist lebt und regiert von Ewigkeit zu Ewigkeit. Amen.

Fürbitte (aus: Zippert, Neue Gottesdienstgebete, S. 122f.)
(Das wiederkehrende *»tue es«* würde ich gerne in diesem Gottesdienst ersetzen durch: *»befreie uns, ...«*)

Herr, unser Heiland,
du kannst uns Schwerhörigen die Ohren auftun.
Wir bitten dich: *Tue es,* daß wir hören,
was du uns sagen willst,
deine Zusagen und deine Weisungen,
dein Wort im Munde deiner Boten
und die Stimme unseres Gewissens.
Wir rufen:

Herr, erbarme dich.

Du kannst uns Verblendeten die Augen auftun.
Wir bitten dich: *Tue es,* daß wir
die Welt sehen, wie sie ist,
das Schöne und das Schreckliche,
unsere Möglichkeiten und unsere Grenzen,
was wir verderben und was du wieder gut machst.
Wir rufen:

Herr, erbarme dich.

Du kannst unsere harten Herzen erweichen.
Wir bitten dich: *Tue es,* daß wir
die Not des Nächsten wahrnehmen
und anderen ihr Glück nicht neiden,
daß wir froh sind mit den Fröhlichen
und mit den Weinenden weinen.
Wir rufen:

Herr, erbarme dich.

Du kannst uns Verstummten die Zunge lösen.
Wir bitten dich: *Tue es,* daß wir,
auch wenn es schwerfällt, die Wahrheit sagen,
Worte finden, die Hoffnung wecken,
freimütig unseren Glauben bekennen
und dein Lob singen in der Gemeinde.
Wir rufen:

Herr, erbarme dich.

Du kannst unsere müden Hände stärken.
Wir bitten dich: *Tue es,* daß wir
tätig bleiben in deinem Dienst,
ohne Seufzen unserer Arbeit nachgehen,
Ungeliebten Liebe erweisen
und unser Leben mit anderen teilen.
Wir rufen:

Herr, erbarme dich.

Für uns und andere bitten wir dich:
Heile du uns, Herr, so werden wir heil;
hilf du uns, so ist uns geholfen.

Zur Predigt

Möglicher Predigtanfang

Passionszeit ist angesagt.
Der Karfreitag wird wieder ihr Höhepunkt sein.
Erinnerungen werden wach: an die Passion Jesu.
Im grausamen Tod am Kreuz endet sein Leiden.
Ein Leiden, das er in bewundernswerter Geduld aushält.
Passion, in diesem einen Wort kommen Leiden und Geduld zusammen.
Wer ist dieser Jesus, daß er das alles auf sich nimmt?
Wer ist dieser Jesus, daß er nicht irre wird an Gott?

Wer ist dieser Jesus, daß er noch im Schmerz an Gott festhält?
Mensch wie wir? Sohn von Maria und Josef? Sohn von Gott? Messias? Erlöser? Ja, was denn nun?
Wer bist du? Warum redest du so, wie du redest? Woher nimmst du dein Selbstbewußtsein? Was bildest du dir eigentlich ein, unsere guten Vorschriften so zu übergehen? Bohrende Fragen. Die klugen und frommen Köpfe lassen nicht locker. Johannes schreibt davon in seinem Evangelium: *Text jetzt verlesen.*
»Ich gehe hinweg, und ihr werdet mich suchen«, sagt er. So ist es bis heute geblieben. »Sucht ihn all Stund von Herzensgrund« – so singen wir es bis heute.
Wir suchen nach den richtigen Wegen. Wir suchen nach Antworten auf brennende Fragen (– aktuelle Beispiele einfügen? –). Wir suchen nach der Wahrheit. Wir suchen nach den richtigen Worten, die standhalten können dem Urteil Jesu. Wir suchen nach ihm selber. Getrieben von der Sehnsucht nach Klarheit und Aufrichtigkeit. Jesus, gib dich zu erkennen, wir brauchen dich! Wir brauchen kein »es war einmal«, wir brauchen einen Halt, wenn der Boden unter unseren Füßen wankt; wir brauchen Schönheit inmitten aller Häßlichkeiten. Laß uns doch nicht sterben in unseren Sünden. Etwas Schlimmeres kann es nicht geben!

Zum weiteren Verlauf
Ich würde jetzt zurückverweisen auf die vorhergehende Geschichte mit der Ehebrecherin. Ich denke, daran läßt sich exemplarisch verdeutlichen, daß »sterben in den Sünden« *nicht* die Zielrichtung von Jesu Handeln ist. Sein Handeln geht über das hinaus, was Menschen denken und vorschreiben; sein Handeln geht nicht in unseren Kopf hinein ... ging schon damals nicht in die Köpfe hinein. In seinem Handeln erschließen sich neue Horizonte ... neue Dimensionen. Das gilt es festzuhalten gegen alle Festschreibungen und daraus resultierende Verhärtungen.
Was mir nicht in den Kopf hineingeht, geht über mich hinaus. Es ist die Blickrichtung nach oben. ... eine befreiende Blickrichtung, die den Blick weitet und Atem holen läßt in stickiger Luft unten.
Wir werden suchen müssen nach dem »Oben«, weil uns der Blick verstellt ist. Wir werden Geduld brauchen bei dieser Suche, weil uns die vielfältigsten »Klötze am Bein« nach unten ziehen; weil uns das Unten so besetzt hält, daß man den Eindruck gewinnen kann, es gäbe keine andere Dimension.
Wir brauchen jemanden, der unsere Füße auf einen weiten Raum stellt (Ps. 31,9); wir brauchen dringend die »Unterbrechung der zwanghaften Kreisläufe«, damit unser Leben nicht stillschweigend und unauffällig beendet wird. (vgl. Steffensky, Feier des Lebens, S. 114ff.)

Gibt es Beispiele in Ihrer Gemeinde, wo das gelungen ist: Blick weiten, ... zwanghafte Kreisläufe durchbrechen, ... mitten im Tag eine Fest der Auferstehung feiern? Gibt es Menschen in Ihrer Gemeinde, die alles das exemplarisch leben? Ich kenne solche Menschen in meiner Gemeinde. Es sind häufig die alt gewordenen Christen, die ihr Leben überblicken und in beneidenswerter Reife Wesentliches von Unwesentlichem unterscheiden können. Sie haben den Blick nach oben, ... den Überblick (– auch ohne Maulbeerbaum!).

Möglicher Schluß
Ich würde gerne schließen mit den Worten der Frau aus dem Armenviertel von Medellin (vgl. Kontexte). Der Text beschreibt eine Suchbewegung, die in einer Befreiungsbewegung endet. Wenn uns das doch gelingen könnte, ihn zu bekommen: den Christus des Lebens, und uns abzuwenden vom Christus des Todes.

Kontexte

A) Dies sind Verse aus dem Armenviertel von Medellin in Kolumbien:

»Wach träumte ich von zwei Christussen
und die zwei waren ganz verschieden.
Der eine war voller Majestät,
aber immer war er stumm.
Wie schlafend verblieb er
vor den Schreien der Armen,
die alle zu ihm hinaufblickten.
Voll Ohnmacht sagte ich zu ihm:
›Herr, so schau mich doch an!‹
Doch taub blieb er und unbeweglich.

Ich betrachtete ihn weiter, diesen Christus
aus reinem Gold und Edelsteinen
aufgestellt auf einem Altar
voll vornehmer Eleganz.
Die selber viel Geld haben
fühlten sich sehr gut vor ihm.
Und dieser Christus war wohlgenährt,
seine Wangen waren rosig.
Und viele Mächtige beugten
vor ihm ihre Knie.

Und ich fuhr fort ihn anzuschauen,
diesen stummen toten Christus,
diesen Christus der Mächtigen,

der dem Volk so fern bleibt.
Und ich spürte Angst in mir,
hatte Lust, davonzurennen!
Dieser Christus verteidigt Privilegien,
aber ich gehöre zu einer anderen Klasse,
zu den Leuten meines Volkes.

Plötzlich hörte ich viele Menschen rennen,
zu Hunderttausenden rannten sie davon,
und ich rannte hinter ihnen her,
mischte mich ganz unter sie.
Leute, die jubelten vor Freude
beim Anblick eines lachenden Christus,
eines so ganz anderen Christus,
eines Christus, der den Armen zulächelt,
der mit seinen großen schwarzen Augen
nach allen Ausschau hält.

Das war der Christus, Mensch und Gott,
einfach, arm, Arbeiter,
der seinen Hunger nie ganz stillen konnte.
Und der stand an der Seite der Bauern,
der Hilfsarbeiter und der Studenten,
an der Seite der Gruppen, die kämpften
zum Wohle des ganzen Volkes.
Fleisch wurde mit ihm das Evangelium,
Gerechtigkeit forderte er.

Da kamen auch elegante Leute.
Sie sahen den lächelnden Christus
und mischten sich unter die Menge,
unter die Leutes des armen Volkes.
Und sie wollten nicht mehr zurück,
zurück zum toten Christus,
denn sie spürten die Wärme
der einfachen und hungernden Leute.
Sie bekamen ihn gern, den Christus des Lebens,
und sie wandten sich ab vom Christus des Todes.«
(aus: Kurt Marti, Lachen, Weinen, Lieben, S. 30f.)

B) Pablo Neruda (letzte Gedichte):
Sinkt jeder Tag
hinab in jede Nacht
so gibts einen Brunnen
der drunten die Helligkeit hält.

Man muß an den Rand
des Brunnendunkels hocken,
entsunkenes Licht zu angeln
mit Geduld.

C) *Gott spielt nicht mehr mit* (Psalm 10)
Hilferuf gegen gewalttätige Menschen

Warum, Herr, spielst du nicht mehr mit?
Du stehst abseits, und es sieht so aus,
als wenn du die Welt wie einen Wecker aufgezogen hättest
und sie nur noch ablaufen läßt.
Du hast die Menschen den Menschen überlassen.
Die Regierungen rechnen nicht mehr mit dir –
und die Regierten haben dich anscheinend vergessen.

Der Gottlose lebt nach seinem eigenen Konzept.
Du redest ihm nicht dazwischen.
Dein Wille ist bei ihm nicht aktuell.
Er klügelt sich immer neue Tricks aus,
die Menschen auszubeuten mit direkten und indirekten Steuern.
Im Munde führt er schöne Reden,
doch unter seiner Zunge sind Falschheit und Lüge,
seine Reden gleichen ungedeckten Schecks.
Er denkt: Gott kann sich in meine Angelegenheiten
sowieso nicht einmischen und betet
›Mein Wille geschehe‹, koste es, was es wolle.

O Herr, steh nicht mehr abseits
und spiel wieder mit.
Du bist der einzige,
der sich ein klares Bild unserer Lage machen kann.
Du hast die Übersicht – teile sie den Einsichtigen mit.
Dann wird es keine Gottlosen
und keine Ausbeuter mehr geben.

Die Menschen vollenden deinen Willen:
Die Geduldigen werden geachtet.
Die Waisenkinder finden neue Väter und liebevolle Mütter.
Die Unterdrückten richten sich wieder auf
und können ohne Schrecken leben.
Gott spielt wieder mit.
(aus: Psalmen der Hoffnung, Hg. Seidel/Zils)

Oculi

Predigttext: Jeremia 20,7–11a(11b–13)
Elisabeth Focke, Hartmut Wenzel

Theologisch-homiletische Skizze

Der Text zieht uns sofort in seinen Bann. Wie kann ein Mensch es wagen, in dieser Art und in diesem Ton mit Gott zu reden? Jeremia klagt Gott an bis an die Grenze der Gotteslästerung. Auch wir als Prediger machen die Erfahrung, daß wir wie der Prophet wegen unserer Verkündigung Widerstand ernten. Wir sind in der Versuchung, in der Predigt unsere eigene Klage anzustimmen.
Dieser Versuchung aber, uns als Prediger mit Jeremia zu vergleichen und nach Möglichkeiten der Identifikation zwischen Prophetenamt und Predigeramt zu suchen, dürfen wir nicht erliegen. Abgesehen davon, daß unsere Situation mit der des Jeremia kaum vergleichbar ist, haben wir der Gemeinde nicht unsere Erfahrungen zu predigen. Auch die Person und das Schicksal des Jeremia geben uns noch nicht das Recht, über diesen Text zu predigen. Sein Leiden ist nur ein Beispiel für das Leiden unzähliger Menschen. Auch darin unterscheidet sich Jeremia nicht von vielen anderen, daß er wegen der Verkündigung des Wortes Gottes leiden muß. Aber daß wir ein Recht haben, unser Leid vor Gott auszusprechen, es ihm zu klagen, ja ihn anzuklagen, das ist die Besonderheit dieses Textes. Indem Jeremia seine verwegene Klage nicht im privaten Bereich gelassen, sondern als Bekenntnis veröffentlicht hat, bekennt er Gott als den, mit dem wir, Prediger und Gemeinde gleichermaßen, offen reden und streiten dürfen.
Das Recht, über diesen Text zu predigen, gibt uns also der Gott, der im Leiden des Jeremia selbst zu Wort kommt. Dieser Gott, der uns in das tiefste Leid bringen kann, der anscheinend ungerecht handelt, der nicht durch Wunder eingreift, dessen Handeln unverständlich bleibt, dieser Gott erlaubt es uns, vor ihm zu klagen. In der Situation der Anfechtung mag uns nur noch die Klage bleiben. Aber indem wir sie vor Gott aussprechen, bleiben wir mit Gott verbunden, hält Gott uns fest und geht mit uns ins Dunkel.
Die Predigt soll uns ermutigen, unsere Zweifel an Gott und unsere Vorwürfe gegen Gott vor Gott zu bringen. Er läßt es sich gefallen, er selber gibt uns das Recht zu klagen.

Vorschläge zur Liturgie

Eingangswort

Meine Augen sehen stets auf den Herrn, denn er wird meinen Fuß aus dem Netz ziehen. Ps. 25.

Lesung
Römer 8,31–39

Lieder
EKG 209, Herr, unser Gott, laß nicht zuschanden werden.
EKG 244, Ich ruf zu dir, Herr Jesu Christ.

Eingangsgebet
Herr, unser Gott, du hast uns gerufen, in deinem Namen sind wir versammelt. Du schaffst es immer wieder, daß wir uns aufmachen und auf dein Wort hören. Vor dir aber gestehen wir: Wir sind es manchmal leid. Wir wollen dir vertrauen, aber wir erleben, daß du uns allein läßt. Ja, Herr, wir müssen es dir sagen: Wir zweifeln, ob wir uns auf dich verlassen können. Du läßt uns im Stich, du hilfst uns nicht heraus, du antwortest nicht auf unsere Fragen. Die Machthungrigen haben Erfolg, die Egoisten setzen sich durch. Wir aber werden verlacht, wenn wir mit deiner Liebe und Gnade rechnen. Wir wollen deinen Namen ehren, aber die, die deinen Namen mißbrauchen, sitzen obenauf und werden geachtet. Ja, Herr, dir wollen wir es sagen: Wir können oft nicht mehr. Wir wollen auch so leben, als ob wir deinen Namen nie gehört hätten. Wir halten es nicht aus, uns für dich einzusetzen, wenn wir nur Nachteile haben. Ja, Herr, so steht es mit uns. Achte auf uns, vergiß uns nicht! Wir sind nicht so stark, wie du meinst. Halte uns wenigstens fest, wenn wir im Dunkel zu versinken drohen! Erhöre unser Klagen, sieh uns an und hilf uns! Amen.

Schlußgebet
Herr, wir danken dir, daß wir unser Herz vor dir ausschütten dürfen, daß wir dir offen sagen können, daß wir dir so oft nicht glauben können. Wir danken dir, daß wir mit dir ehrlich reden können, daß wir alle unsere Enttäuschung, unsere Zweifel und Vorwürfe dir selber sagen können. Wir verstehen dich nicht, aber Dank sei dir, daß du uns verstehst. Wir waren oft im Dunkel und hofften vergebens, daß du unseren Weg erhellst, aber Dank sei dir, daß du bei uns bist in der Finsternis des Lebens. Wir bitten dich für alle, die von sinnlosem Leid umgeben sind, sei du dennoch ihr Trost und ihre Kraft. Wir bitten dich für alle, die nach dir rufen und keine Antwort hören, Herr, gib uns den Mut, ihnen nahe zu sein. Wir bitten dich für alle, die deinen Namen bekennen und die dafür Hohn und Spott ernten, halte sie fest und stärke ihren Glauben. Herr, wir bitten dich für uns, die wir immer wieder angefochten sind, die wir meinen, du seist nicht da und unser Glaube sei vergeblich, erhöre uns, komm zu uns mit deinem Wort und deinem Geist. Gib uns die Kraft, auf dich zu hoffen gegen alle Hoffnung. Verlaß uns nicht, auch wenn wir uns von dir verlassen meinen. Wir

aber danken dir, daß du bei uns bist alle Tage bis an der Welt Ende, auch und gerade dann, wenn wir mit unserem Glauben am Ende sind. Amen.

Vorschläge für die Predigt

Möglicher Anfang

Unser heutiger Predigttext gehört zu den sogenannten Konfessionen des Jeremia. Er ist also ein Bekenntnis, Antwort auf Gottes Wort und Gottes Handeln. Aber er ist ein ganz ungewöhnliches Bekenntnis, nicht vergleichbar dem Glaubensbekenntnis, das wir gemeinsam im Gottesdienst sprechen, anders als das Bekenntnis unserer Schuld vor Gott. Die Konfessionen des Jeremia sind einzigartig in der Bibel. Sie sind schon vor ca. 2500 Jahren niedergeschrieben worden. Doch sie sprechen uns noch immer unmittelbar an. Hören Sie selbst!
(Verlesung des Textes.)

Zum weiteren Verlauf

Wirklich ein merkwürdiges Bekenntnis! Da spricht kein Glaubensheld. Da werden keine unerschütterlichen Glaubenssätze formuliert. Im Gegenteil, da ist ein Mensch zutiefst erschüttert, da schreit einer seine Empörung, seine Zweifel, ja seine Anklage gegen Gott heraus. Es ist schon bitter, wenn ein Mensch, den wir lieben, uns verläßt. Aber Jeremia ist von Menschen und von Gott gleichermaßen verlassen. Gott erscheint ihm wie ein treuloser Liebhaber, der ihn in Schimpf und Schande hat sitzen lassen. Betört, verführt, ja betrogen hat ihn Gott, als er ihn zum Propheten berief!
Hier muß nun eine kurze Darstellung der Lebenssituation des Jeremia, seines Leidensweges gegeben werden. Die Berufung, die er nicht ablehnen kann. Er erntet Spott und Hohn wegen seiner Verkündigung. Seine Freunde verlassen ihn. Er wird wegen seines Auftrages verfolgt, gedemütigt, ja gefoltert. Die Menschen trachten ihm nach dem Leben. Seine Verkündigung wird nicht als Wort Gottes anerkannt. Man tut ihn als Querulanten, als Pessimisten ab. Jeremia leidet an den Menschen und durch die Menschen um Gottes willen, der ihn zwingt, in seinem Namen zu reden. Und er leidet an Gott, um Gottes willen, der diesen Zwang nicht aufhebt. Er erwartet Hilfe, aber Gott greift nicht ein. Deshalb klagt er Gott an und wirft ihm Unzuverlässigkeit vor.
Nein, Jeremia gibt nicht klein bei. Er hat mit dem Gedanken gespielt, alles hinzuwerfen. Wenn Gott ihn verlassen hat, dann will er ihn auch verlassen. Einfach nicht mehr im Namen Gottes reden, den Beruf wechseln und so still und friedlich leben wie andere auch. Gott vergessen und sich der schönen Seiten des Lebens erinnern. Aber Jeremia erfährt, er kann es

nicht, er kommt nicht los von Gott. Da ist ein Feuer in ihm, das er nicht löschen kann. Wie aber kann er herauskommen aus seiner Not, in der er von Gott und den Menschen verlassen ist?

Hier können nun konkrete Beispiele gebracht werden, wo Menschen an Gott leiden. Und dann werden Bibelworte als Trost gesprochen. Da werden Glaubenswahrheiten verkündigt, die den Leidenden gar nicht erreichen. Jeremia kann ja nicht mehr glauben. Er macht die schreckliche Erfahrung, daß man sich auf Gott nicht verlassen kann. Kennen wir diese Erfahrung nicht auch? Wir erleben nicht das Schicksal des Jeremia, wir leiden kaum um des Wortes Gottes willen, aber auch unser Glaube ist oft am Ende. Es kann dann sein, daß wir uns selber anklagen, weil unser Glaube so schwach ist. Aber der Glaube ist nie unser Besitz. Es kann auch sein, daß wir meinen oder uns einreden lassen, wir oder andere hätten das Leiden verdient. Wir grübeln dann, warum uns oder einen anderen Menschen solches Leid getroffen hat. Das Leiden in der Welt kann uns in Verzweiflung stürzen, es kann dazu führen, daß wir uns von Gott trennen.

Jeremia aber fügt sich nicht. Er ist nicht mehr imstande, ein Glaubensbekenntnis zu sprechen. Er spricht aber auch kein Sündenbekenntnis, er ist sich keiner Schuld bewußt. Er hat verkündigt, was Gott ihm aufgetragen hat. Jeremia trennt sich nicht von Gott, er frißt sein Leid auch nicht in sich hinein. Er begehrt auf, er wehrt sich gegen die Ungerechtigkeit, die er erfahren muß. Aber er spricht nicht mit anderen Menschen über Gott und sein Leiden. Er spricht mit Gott und wirft ihm sein Leid vor. Er bekennt seine Not und Anfechtung vor Gott. Wirklich ein merkwürdiges Bekenntnis, in dem Jeremia auf das für ihn unbegreifbare Handeln Gottes antwortet. Es besteht fast nur aus Klage und Anklage und ist doch ein Bekenntnis vor Gott und den Menschen.

Auch vor den Menschen! Jeremia hat sein Bekenntnis nicht nur vor Gott gesprochen, er hat es auch aufgeschrieben. So wird es eine Botschaft an uns. Damit verkündigt er den Gott, der es sich gefallen läßt, daß wir klagen, sogar ihn anklagen. Wir brauchen unsere Fragen und unsere Verzweiflung nicht zu unterdrücken. Wir können unsere Not hinausschreien und vor Gott ausbreiten. Wir müssen nicht mehr die frohen Glaubenshelden spielen, weder vor uns noch vor anderen. Wir müssen uns nicht einfach geduldig dem Leid fügen und andere leichtfertig dazu auffordern. Wir müssen uns und anderen auch keine falsche Schuld einreden. Wir sind befreit von dem Anspruch, auf alle Fragen eine Antwort zu erfahren, befreit auch davon, Gott verteidigen zu müssen und sein Handeln verständlich zu machen. Zu unserem Glauben gehören Zweifel und Anfechtung hinzu.

Durch seine Propheten sagt uns Gott, daß er bei uns ist, auch da wo wir uns von ihm verlassen fühlen. Er hört unser Klagen und Seufzen. Er läßt es vor sich bringen und auf sich legen. Ebenso befreit er uns von der Unerträglichkeit des Leidens, bleiben wir vor Gott mit Gott verbunden. So wächst aus der Klage die Gewißheit, in der wir antworten: »Dennoch«. »Dennoch hältst du mich, bist du mir wie ein starker Held.«

Möglicher Schluß

Gott sei Dank, daß Jeremia nicht verstummt ist, sondern so offen geklagt und sein Bekenntnis veröffentlicht hat. Nun brauchen auch wir nicht unsere Not und das Elend dieser Welt zu verschweigen. Wir können unserem Gott alles sagen, auch dies, daß wir oft unseren Glauben nicht durchhalten können. Wo wir am Ende sind, im tiefsten Dunkel der Gottesverlassenheit, dürfen wir klagen und nach Gott schreien, dürfen wir das Wunder erwarten, daß Gott selber uns trägt und uns neu den Glauben schenkt.

Kontexte

Ob uns vielleicht darum das Durchhalten des Glaubens schon gar kein Problem mehr ist, weil wir keine lebendige Erfahrung mehr davon haben, daß der Glaube eben ganz und gar nicht durchgehalten werden kann, wenn nicht ein Wunder geschieht? Aber was heißt das? Ob wir vielleicht deswegen nicht verstehen, was das Wort »Wunder« sagt, weil wir es uns abgewöhnt haben, zu Gott zu schreien?
(Gerhard Ebeling, Das Wesen des christlichen Glaubens, S. 165)

Was die Vögel des Himmels betrifft, die geflohen sind, so verstand ich des Propheten Symbolik erst, als ich im Sommer 1979 nach Auschwitz und Birkenau zurückkehrte. Erst dann erinnerte ich mich, daß während des Sturmes von Feuer und Schweigen nicht ein Vogel am Horizont zu sehen war: sie hatten den Himmel verlassen. Ich stand in Birkenau und erinnerte mich an Jeremias.
Und was tun wir, wir Schriftsteller, wir Zeugen, wir Juden? Seit mehr als dreitausend Jahren wiederholen wir die gleiche Geschichte, die Geschichte eines einsamen Propheten, der alles, auch sein Leben, dafür gegeben hätte, wäre es ihm erlaubt worden, eine andere Geschichte zu erzählen, eine Geschichte von Freuden und glühenden Leidenschaften und nicht von Kummer und Angst.
Aber er gab nur weiter, was er erhielt – und das tun auch wir. Und wenn Gott ihm zürnte, weil er nicht weinte, wir zürnen ihm nicht. Im Gegenteil: wir sind stolz auf ihn. Die Welt war seiner Tränen nicht würdig und auch nicht der unserigen. (Elie Wiesel, Jeremias, oder die Pflicht, auf die Zukunft zu setzen.)

Mit dem Ruf: »Mein Gott, mein Gott, warum hast du mich verlassen?« dem Anfang von Ps. 22, stirbt Jesus nach Markus und Matthäus am Kreuz (Mk. 15,34 / Mt. 27,46). Die Nähe diese Rufes und des Klageliedes, aus dem er stammt, zu den Bekenntnissen Jeremias liegt auf der Hand; dies gilt im allgemeinen wie speziell im

Hinblick auf die Verwandtschaft mit den zuvor zitierten Warum-Fragen bei Jeremia. Der Ruf des Hauptmannes im Anschluß an die Klage Jesu: »Wahrlich, dieser Mensch ist Gottes Sohn gewesen« (Mk. 15,39 / Mt. 27,54) hält unzweideutig fest, daß diese Klage im gleichen Sinne bleibendes Kennzeichen des leidenden Jesus ist wie die Deutung seines Leidens als Handeln für andere. Das Recht des Menschen auf Klage wird damit durch die Passion Jesu keineswegs überholt, vielmehr in ihr besiegelt. Durch den Christus Jesus, der uns die Schrift erschließt, werden damit auch die Bekenntnisse Jeremias nicht zu Zeugnissen einer überholten Zeit, vielmehr als legitime Äußerungen vor Gott in ihrem Recht bekräftigt. Wollte man eine Passionsliturgie erarbeiten, in der die Wirklichkeit des leidenden Menschen und die des leidenden Messias in eins gesehen werden, so böten die Bekenntnisse Jeremias die kostbarsten Bausteine. (Peter von der Osten-Sacken, Anstöße aus der Schrift.)

Laetare

Predigttext: Johannes 6,47–51
Ernst Öffner

Theologisch-homiletische Skizze

Zunächst: *Widerstände*. Widerstände in mir gegen den Text. Gegen die joh. Theologie. Ein mir fremdes Glaubensverständnis drückt sich im joh. Dualismus aus: Jesus das eine, einzige, wahre Lebensbrot im strikten Gegensatz zu allem Brot, von dem ich doch lebe, selbst zum Manna. Eine mir fremde Christologie zudem: der aller irdischen Konturen beraubte himmlische Christus – ganz auf der Seite Gottes. (Steht dahinter nicht das Weltbild eines sowohl naturwissenschaftlich als auch geistesgeschichtlich obsolet gewordenen Materie-Geist-Dualismus?) Welchen Erfahrungsgehalt vermitteln folgende exegetischen Sätze: »Im ausschließlichen Gegenüber zu anderen ... Heilsangeboten verweist Joh. 6,47–51 auf den Offenbarer Jesus Christus: Der Glaubende ... weiß sich in seiner Gemeinschaft hineingenommen in ein neues Sein, das durch die Bedingungen dieser unserer Zeit nicht mehr in Frage gestellt wird.« (W. Pratscher im Erg.Bd. Exegesen) Gewiß: der Absolutheitsanspruch (»wer glaubt, hat ...«), der »Entscheidungsdualismus« (Schottroff) hilft zur Eindeutigkeit und »Entschiedenheit«: Glaube oder Unglaube, Annahme oder Ablehnung – aber was ist mit den Zwischentönen, mit Zweifel, Anfechtung, was mit dem Glauben, der »niemals im Worden-Sein, sondern immer im Werden« ist? Wo stehe ich? Einerseits sehne ich mich nach solcher Entschiedenheit und Verbindlichkeit (von vielen Gruppen in der Kirche – von der charismatischen Gemeindeerneuerung über Evangelikale bis zu politisch engagierten Gruppen gefordert) – andererseits mißtraue ich solcher »Eindeutigkeit«, fürchte eine Ideologisierung des Glaubens.

»Das Brot des Lebens – das bin *ich*«. Ist das die Antwort auf eine Frage – oder der Widerspruch zu gegenteiligen Behauptungen? Ich lasse mich fragen: Was ist für mich »Brot«, lebensnotwendig wie Brot? Worauf baue ich mein Leben auf, worauf verlasse ich mich im Leben? Auf Ideen oder auf eine Person? Symptomatisch: Die Verfehlung des Lebens, die Verwechslung des Lebensunterhalts mit dem Leben selbst (dem »Lebensbrot«), zeigt sich in der Hektik des Konsumierens (sumere = essen, ergreifen): »Lasset uns essen und trinken; wir sterben doch morgen!« (Jes. 22,13) Wer seinen Hunger so stillen will, muß es eilig haben (R. Oechslen). Das ist die Gier, das Haben-müssen der »näfäsch« (für die Predigt ergiebig: H.W. Wolff, Anthropologie des AT, 1973, 25ff.). Jesus dagegen stillt den unersättlichen Hunger der näfäsch nach Immer-mehr, indem er Zeit gewährt zum Leben. Er lehrt, das Gute des Lebens als von Gott anzunehmen (Luk. 12,22–31) und es doch vom Brot des Lebens (vom »Sein«: Ich bin!), von dem, was für immer satt macht, zu unterscheiden.

Darum will Jesus kein wunderbarer oder auch messianischer »Brotkönig« sein (Vers 14f.), ist er als sozialer Revolutionär mißverstanden. »Es geht ihm zuerst nicht um eine Veränderung der Verhältnisse, sondern um eine Änderung der Menschen in ihrem Verhältnis zu den Verhältnissen« (H. Zahrnt, Jesus aus Nazareth, 1987, 70). Er ist weder politischer noch religiöser »Brotgeber«, d.h. er verzichtet auf Macht, die abhängig macht (Zahrnt, S. 56–61!). Daß er Brot »ist« und nicht nur hat und gibt (E. Fromm!), bedeutet in letzter Konsequenz, daß er sich selbst verschenkt, »opfert«: Ein normaler König opfert, wenn es sein muß, andere. Jesus opfert sich (Vers 57c)! So ist das Ich-bin-Wort die Spitze, die komprimierte Essenz der vorangegangenen Erzählung und der Rede, in denen sich die Erfahrung der Gemeinde spiegelt.

Joh. 6,47–51 beginnt dann zu leuchten, Konturen anzunehmen, wenn ich den Text im Kontext des Lebens der Johannesgemeinde und – umfassender – des urchristlichen Glaubens und Lebens lese (vgl. D. Nestle, Neues Testament elementar. Texte der Verfolgten – Sprache der Liebe – Wort Gottes, 1980 – das für mich anregendste theologische Buch der letzten Zeit!). Die Texte des NT: geschrieben, erlebt, bewährt von Christen, die in Zeiten der Verfolgung und der Repressalien (vgl. Joh. 15,18f.; 16,32: Ende 1. Jh.!) ihren »einzigen Trost im Leben und im Sterben« wirklich in Jesus Christus gefunden haben – und mutiger wurden, der Gegenwart Gottes im Geist gewiß. Gehört und bedacht von Christen, die sich wenigstens sonntäglich zum Herrenmahl versammelten und da des Lebensbrotes spürbar teilhaftig wurden (Joh. setzt die Sakramente voraus, wehrt sich aber gegen Sakramentalismus, so einhellig S. Schulz, NTD Joh., und J. Becker, ÖTK Joh.) – in dem Brot, das sie aßen, in der Gemeinschaft der »Brüder« (1. Joh.!), in der der Paraklet erfahrbar gegenwärtig war (»Christus als Gemeinde existierend«, Bonhoeffer). Erfahrbar auch in konkreten Taten der Liebe und Fürsorge (A.v. Harnack, Die Mission und Ausbreitung des Christentums in den ersten drei Jh., [4]1924, 170ff.). Als komprimierte *Erfahrung* der Gemeinde verstehe ich jetzt den Text, der in mir so viele Widerstände hervorrief, als *Einladung* zu »essen«, mitzuessen, mitzuglauben, und ich kann jetzt einstimmen in den *Dank* und in das *Bekenntnis* der Gemeinde (und weil mir diese Entdeckung so überaus wichtig und für die Predigt hilfreich ist, muß ich das folgende ausführlicher zitieren:) Exegetisch besteht nämlich kein Zweifel, daß die Ich bin-Worte nicht vom historischen Jesus gesprochen sein können, sondern theologische (»dogmatische«) Zusammenfassungen der Bedeutung des Christus praesens für Joh. und seine Gemeinde sind. Dieter Nestle (a.a.O., 137): »In jedem Fall, auch in dem des Jesus von Nazareth, ist es Gotteslästerung, wenn einer mit dem *Anspruch* auftritt, das Licht der Welt zu sein.« Derselbe Mensch, der sagt: ›Was nennst du mich gut, niemand ist gut außer einem‹ (Mk. 10,18) kann nicht zugleich öffentlich von sich sagen: ›Ich bin das Licht der Welt, das Brot des Lebens‹. »Wie also? Der Glaube entdeckt: Du, Jesus, bist das Licht der Welt. So wie die Liebe kann sich auch der Glaube nicht genug tun damit, seinem Gegenstand Namen zu geben. Der Liebende kann sagen: Du bist die Liebste, Beste und Schönste. Aber nicht das liebende Mädchen, sondern die böse Königin sagt: ›*Ich* bin die Schönste im ganzen Land!‹. Während aber der Liebende weiß: Du bist für mich die Schönste, will der Glaubende sagen: Du bist das Licht für alle – nicht nur für mich. Inwiefern ist dieser Satz wahr? Ist er wahr als mein Urteil über Jesus? Nie.

Denn das Licht ist Licht, weil es leuchtet, nicht weil ich es als Licht anerkenne. Es ist Licht, auch wenn alle blind wären (vgl. Joh. 9,39ff.). Indem es leuchtet, ›sagt‹ das Licht: Ich bin Licht. Indem es nährt, sagt das Brot: Ich bin Brot. Damit sagen die beiden zugleich: Laß dich erleuchten, laß dich wärmen; laß dich nähren, iß mich. Das ist das Erste. Und erst als Zweites kann unser dankbares Wort kommen: Du bist Licht, Du bist Brot. Johannes läßt das Erste das Erste sein. Darum bleibt es bei ihm in Wahrheit *Jesu* Wort: Ich bin das Licht der Welt; Ich bin das Brot des Lebens. Der Liebende spricht. Und er sagt: ›Mach' Gebrauch von mir!‹«

Was ich in der Predigt sagen will:
Durch Jesus Christus und in ihm begegnet mir der Gott, der »Brot« gibt, das zum Leben hilft – Lebensbrot »im Leben und im Sterben«. Ein »Liebender«, ein den Menschen Zugewandter spricht: »Ich bin das Brot, das den Hunger nach Leben stillt – mach Gebrauch von mir!« Dieses Wort ist eine Einladung, die erfahrbaren Charakter hat. Ich möchte dabei nicht »die Vorzüge des ewigen Lebens auf Kosten des irdischen« herausstreichen (R. Christiansen, PrSt. 1982). Das »irdische Brot« (»Manna«) ist mir erfahrbarer Ausgangspunkt und zugleich erfahrungsgesättigtes Symbol für das Brot, »das mehr ist« (nicht: das ganz anders ist). Darum betet Jesus um das tägliche Brot – und kann zugleich sagen: Der Mensch lebt nicht vom Brot allein.

Vorschläge zur Liturgie

Eingangswort

Jes. 55,1–3a (EÜ: »Warum bezahlt ihr mit Geld, was euch nicht nährt, und mit dem Lohn eurer Mühen, was euch nicht satt macht?«) Eine Einladung ist dieses Wort des Propheten Jesaja für alle, die hungrig sind, lebenshungrig, liebeshungrig. Eine Einladung, satt zu werden ohne Geld. Und eine Warnung, den Hunger nicht mit Scheinangeboten zu stillen, die den Appetit nur verderben, aber nicht satt machen. Und wenn Jesus sagt: »Ich bin das Brot des Lebens«, dann ist das ein gutes Wort für diesen Gottesdienst, eine Einladung, satt zu werden und leben zu können. Davon wollen wir heute mehr hören.

Kyrie

Herr Jesus Christus, wir kommen, weil wir hungrig sind: hungrig nach Gemeinschaft, nach Liebe, nach Vergebung, hungrig nach wenigstens einem Funken Sinn in unserem Leben. Wir bitten dich: Stille unseren Hunger! – Kyrie eleison
Herr Jesus Christus, um uns satt zu machen, wurdest du zum Weizenkorn, das durch sein Sterben viel Frucht brachte und noch bringt. Wir bitten dich: Keime auf in uns! – Christe eleison

Herr Jesus Christus, du bist gestorben, damit wir leben. Du hast dich zu Tode geliebt und dich im Tod in die Arme des Vaters geworfen. So hast du im Tod das Leben gefunden. Wir bitten dich: Gib uns Leben, dein Leben! – Kyrie eleison

Absolution
Christus spricht: »Ich bin das Brot des Lebens. Wer zu mir kommt, den wird nicht hungern; und wer an mich glaubt, den wird nimmermehr dürsten. Wer zu mir kommt, den werde ich nicht hinausstoßen. Wahrlich, wahrlich, ich sage euch: Wer an mich glaubt, der hat das ewige Leben.« Liebe Gemeinde, wer diese Einladung Jesu annimmt, der hat das Leben gefunden. Ewiges Leben, jetzt schon. Das gebe Gott uns allen.

Gebet
Herr Jesus Christus, du hast dein Leben hergegeben und bist so zum Lebensbrot geworden für viele Menschen. Liebe ist dadurch gewachsen, Vertrauen und Hoffnung. Und von Liebe, Vertrauen und Hoffnung leben wir wie vom täglichen Brot. Wir halten oft unser Leben ängstlich fest, versuchen uns zu schonen. Aber so verkümmert unser Leben. Wir bitten dich: Nimm uns mit auf deinem Weg, damit wir das wahre Leben finden.

Gebet nach der Predigt
Jörg Zink, Wie wir beten können, 156.

Zum Abendmahl
Zink, a.a.O., 226 (»Brot und Wein«: Melchisedek – Jesus)

Friedensgruß
Wenn unsere Mitmenschen nach Brot verlangen, dann dürfen wir ihnen keinen Stein geben. Wenn sie unsere Liebe nötig haben, dann dürfen wir ihnen unsere Vergebung nicht vorenthalten: Der Friede des Herrn sei allezeit mit euch. (E. Legler, Modelle für den Gottesdienst III, 88)

Nach dem Abendmahl
Wir sagen Dank für Brot und Wein, für unsern gestillten Hunger und unsre gestillte Sehnsucht, für Nähe und Geborgenheit, für Liebe und Vertrauen, für Verständnis und Vergebung unter uns Menschen.
Wir sagen Dank für alle Menschen, die uns lieb sind, die uns lieben und Stütze sind auf unserem Weg.
Wir sagen Dank für alle Menschen, die vor uns gelebt, deren Liebe unvergessen, deren Hoffnung uns Mut machte, deren Glauben unsern Glauben erweckte.

Wir sagen Dank für Jesus von Nazareth. Er ist uns das Brot, das den Hunger stillt und uns zum Leben kräftigt. Wir sagen Dank für seinen Tod, aus dem neues Leben keimte, für seine bleibende Auferstehung in jedem Neubeginn, in jedem Schritt gegen die Resignation, in jedem neuen Hoffnungskeim.
Wir sagen Dank für die Erfahrung seines Geistes in allen Kirchen, in der Welt und in der Politik, bei Menschen in Freud und Leid.
Wir sagen dir Dank, Herr, unser Gott.

Meditation
Zink, a.a.O., 244f. (»Unser Brot«: Brot ist Friede)

Tischgebet
Wir danken dir, Herr Jesu Christ, daß du unser Gast gewesen bist. Bleib du bei uns, so hat's nicht Not, du bist das rechte Lebensbrot.

Lesung
Luk. 12,22–31 (Wer das wahre Lebensbrot hat, muß nicht Angst haben, zu kurz zu kommen) oder Apg. 2,42–47 (das Lebensbrot im Gebrauch) oder Joh. 6,1–13(16) (die Speisung der 5000).

Lieder
EKG 129 (v.a. Vers 6); 144; 156,1–2(?); 165. Neue Lieder (alle in: Auf und macht die Herzen weit. Liederheft für die Gemeinde, München 1982): 617 (Christus, das Licht der Welt); 621 (Gott, guter Vater, Schöpfer der Welt); 638 (Dank sei dir, Vater, für das ewge Leben; nach der Predigt zur Gabenbereitung); 672 (Andere Lieder wollen wir singen); 680 (Liebe ist nicht nur ein Wort); 722 (Herr, gib uns unser täglich Brot); zum Wochenspruch: 777 (Korn, das in die Erde, in den Tod versinkt).

Zum Wochenspruch
Mühle und Kelter
»Weizenkörner, Trauben, / hört von unserm Glauben. / Wer nicht aufgerieben wird, / wer sich das erspart, / der bleibt hart.
Weizenkörner, Trauben, / hört von unsrem Glauben. / Wer nicht in die Mühle fällt, / leidet keine Not, / wird kein Brot.
Weizenkörner, Trauben, / hört von unsrem Glauben. / Wer nicht in die Kelter fällt, / wird auch nicht gepreßt / für das Fest.« (W. Willms; mit Musik auf der Misereor-Schallplatte Nr. 8: Biblische Spiellieder zum äthiopischen Misereor-Hungertuch).

Vorschläge zur Predigt

Möglicher Predigtanfang

»Ich sehe oft um Mitternacht, / Wenn ich mein Werk getan / Und niemand mehr im Hause wacht, / Die Stern' am Himmel an. // Sie gehn da, hin und her zerstreut / Als Lämmer auf der Flur; / In Rudeln auch und aufgereiht / Wie Perlen an der Schnur; // Und funkeln alle weit und breit, / Und funkeln rein und schön; / Ich seh' die große Herrlichkeit / Und kann mich satt nicht sehn ... // Dann saget unterm Himmelszelt / Mein Herz mir in der Brust: / ›Es gibt was Bessers in der Welt / Als all ihr Schmerz und Lust.‹ // Ich werf mich auf mein Lager hin / Und liege lange wach, / Und suche es in meinem Sinn; / Und sehne mich darnach.« Von Matthias Claudius sind diese Verse, dem »Wandsbecker Boten«. Sie kennen sein Lied: »Der Mond ist aufgegangen.« Und das ist es, was ich Ihnen heute sagen will: *»Es gibt was Bessers in der Welt!«*

Der Evangelist Johannes schreibt in seinem Evangelium von Jesus (Lesung Joh. 6,47–51 oder folgende Auswahl): »So sagt Christus selbst: Wahrlich, wahrlich, ich sage euch: Wer glaubt, der hat das ewige Leben. Ich bin das Brot des Lebens. Wer von diesem Brot ißt, der wird leben in Ewigkeit.«

Was braucht ein Mensch zum Leben? Ich will den Satz von Matthias Claudius »Es gibt was Bessers in der Welt« mit dieser Frage wie mit einem Schlüssel aufzuschließen versuchen: Was braucht ein Mensch zum Leben, zum bessern Leben? Drei Antworten will ich in dieser Predigt geben.

Zum weiteren Verlauf

1. Was braucht ein Mensch zum Leben? Ich brauche zunächst einmal zu essen, um leben zu können. Ich brauche, worum wir im Vaterunser beten: das »tägliche Brot«. Damit meinen wir mehr als bloß Essen und Trinken: sauberes Wasser, gesunde Luft (EKG 394,6!), ein Daheim, Heimat, Arbeit (oder wenigstens ein soziales Netz, das einen notdürftig auffängt), einen Menschen, der einen lieb hat, sich nicht ängsten müssen vor der Hölle des Krieges, Frieden ... (s. J. Zink, a.a.O., 244). Das alles ist das Brot, das wir täglich brauchen. Und es ist gut, wenn wir dafür auch täglich danken, beim Tischgebet beispielsweise. Weil das alles nicht selbstverständlich ist.

2. Aber es ist nicht nur dieses Brot, was ich zum Leben brauche. Ich brauche mehr. Ich sehne mich jedenfalls nach mehr. Was braucht ein Mensch noch zum Leben? Zeit. So wie das Brot Zeit braucht, bis es fertiges Brot ist: vom Weizen- oder Roggenkorn, das wachsen und reifen muß, geerntet und gemahlen und gebacken wird. Viele Menschen schlingen ihr Brot voller Hast hinunter, als hätten sie keine Zeit. Vielleicht haben

sie wirklich keine Zeit zum Essen, zum Leben. Wer keine Zeit hat (oder meint, keine zu haben), versucht noch mitzunehmen vom Leben, was mitzunehmen ist. Und so wird das Leben immer rastloser, immer hektischer. »Laßt uns essen und trinken; wir sterben doch morgen!« Das ist dann das Lebensmotto. Da flieht der eine in die Arbeit, der andere in die verschiedensten Aktivitäten, manche in das Vergessen des Rausches, andere fliehen aus einer Ehe in die nächste, als könnte das helfen. Nur – diese Rastlosigkeit hilft letztlich wenig. Arbeit, Anerkennung, Erfolg sind unersättliche Tyrannen. Sie zwingen zu immer mehr. Ein Erfolg ist wertlos, wenn nicht gleich der nächste folgt, Leistung muß immerzu gesteigert werden. Wie beim Hochsprung, wo die Latte immer noch einen Zentimeter höher gesetzt wird. Wie lange hält man das aus? Kann man so leben? Wer vom Falschen lebt, der ist am Ende krank oder kaputt, lebensmüde oder lebensüberdrüssig. – Wenn Jesus sagt: »Ich bin Brot für euch«, Brot, das ihr zum Leben braucht und von dem ihr leben könnt, dann höre ich da auch den Klang heraus: Ihr könnt Zeit haben, Zeit zum Leben. Ihr könnt nach einem anderen, nach einem besseren und gesünderen »Lebensgesetz« leben. Konkret sieht das etwas so aus:

Grundsatz 1: »Ich bin so frei, etwas zu leisten. Etwas Ordentliches, vielleicht sogar etwas Überdurchschnittliches – das hängt davon ab, was für Gaben und wieviel Ehrgeiz ich mitbekommen habe. Aber ... Erfolg ist nicht dasselbe wie Erfüllung. Und der Sinn meines Lebens hängt nicht von der Größe der Todesanzeige und der Zahl der Nachrufe ab, die ich einmal bekomme. Wenn Gott mich nicht vergißt, dann muß nicht mein Lebenswerk um jeden Preis etwas Unvergeßliches sein.«

Grundsatz 2: »Ich bin so frei, mich nicht auffressen zu lassen vom Wettlauf zum Gipfel des Erfolges ... Das endet manchmal in einem Minderwertigkeitskomplex, häufiger in einem Herzinfakt. Gott will aber nicht, daß wir uns umbringen, auch nicht auf die langsame Tour.«

Grundsatz 3: »Ich bin so frei, Zeit zu haben für einen anderen Menschen. Auch Zeit für ein Gespräch, bei dem nichts herauskommt. Ich bin so frei, Freundschaften für genauso wichtig zu halten wie Erfolge, und meine Familie für noch viel wichtiger.« Ich bin so frei, dem andern, meinem Ehepartner, meinen Kindern, einem Untergebenen Zeit zu gönnen, sich zu entwickeln. Auch mir selbst. Wer einen Menschen liebt, schenkt ihm Zeit. Gott hat auch mir viel Zeit geschenkt – jeden Tag.

Grundsatz 4: »Ich bin so frei, nicht zu verzweifeln, wenn meine Leistungen nachlassen, weil ich krank bin oder alt werde. Es mag sein, daß unsere Zeit für solche Leute nur noch eine Statistenrolle übrig hat. Es mag sogar sein, daß man dann sagt: ›Du kannst gehen!‹ Aber ich weiß, daß Christus gerade zu diesen Leuten gesagt hat: ›Kommt her zu mir!‹« (Friedrich Walz, Das Leben ist der Weg, 1985, 31f.)

»Ich bin so frei« – das ist das Lebensgesetz Jesu. Nicht: ich muß, und: immer schneller, immer mehr. Bei ihm heißen die ersten Worte nicht: »Tu dies oder das!« sondern: »Nimm und iß!« Das ist wirklich ein besseres »Lebensgesetz«. Darum sage ich: »Danke, ich bin so frei!« Das brauche ich zum Leben. »Es gibt was Bessers in der Welt!«

3. Was braucht ein Mensch zum Leben? Früher wurde über einem Brot das Zeichen des Kreuzes gemacht, bevor es angeschnitten, verteilt und gegessen wurde. Es war der Segen über dem Brot, der Segen auch über der Tischgemeinschaft. Geheiligtes Brot war es, heiliges Essen. Eine Ahnung davon, daß der Mensch nicht vom Brot allein lebt, daß er des Segens und der Gemeinschaft bedarf, um leben zu können.

Allein essen macht noch nicht satt. Gemeinsam essen ist besser. Allein kann man auch nicht Christ sein. Man braucht die Gemeinde. Darum haben sich die Christen von Anfang an zusammengetan. Allein hätten sie das, was sie erlebt und in Verfolgungen erlitten haben, niemals durchgestanden. Von Anfang an trafen sie sich darum zum Essen, segneten und brachen das Brot und teilten wie das Brot so auch ihren Besitz, so daß wirklich jeder satt wurde. Sie haben zusammengehalten und sind füreinander eingestanden – im Namen Jesu. Nur miteinander kann man glauben. Über Wirkungen des Glaubens kann man nur schwer reden, weil sie intim sind und oft auch für Fremde unscheinbar. Für die Betroffenen selber aber umso wichtiger. So wie für jenes Mädchen, das an seiner Behinderung: einem angeborenen Klumpfuß, so sehr litt, daß sie einen Selbstmordversuch unternahm. Da fand sie, ihre Mutter hat es mir erzählt, in die Gemeinde ihres Dorfes, irgendwo in Norddeutschland. Sie wurde aufgenommen, zu einem – zugegeben etwas jugendlich-alternativen, charismatischen – Gottesdienst eingeladen, man hüpfte und tanzte, schleifte sie mit herum, sie humpelte mit, mußte lachen, auch über sich selbst (die Mutter erzählte es mir voller Befremden und Sorge über solche Gottesdienstformen!), es blieb nicht bei dem einen Gottesdienst, die jungen Leute trafen sich regelmäßig auch unter der Woche zum Teetrinken, wieder Gottesdienste, die sie nun selber mit vorbereitete und gestaltete, sie hatte eine besonders schöne Stimme zum Singen, man kümmerte sich um andere Leute, sie hatte eine glückliche Hand, wenn es galt, etwas zu organisieren ... Und eines Tages sagte sie zu ihrer immer noch skeptischen, verblüfften Mutter: »Jetzt habe ich wieder richtig Lust zu leben. Denn ich weiß jetzt: Jesus liebt mich auch so, wie ich bin.« So einfach. Ein bißchen naiv vielleicht. Aber was bedeutet's für das Mädchen? Aus sich allein hatte sie das nicht. Ohne die Freunde in der Gemeinde hätte sie das sicher nicht gespürt und erlebt.

Was braucht ein Mensch zum Leben? Eine wirkliche Gemeinde von Christen braucht er, die zusammenhalten und zu ihm halten – die braucht er.

So notwendig wie das tägliche Brot, so notwendig wie das »Ich bin so frei«, den langen Lebensatem, den Jesus gibt. So notwendig eben wie einen wirklichen Glauben, der durchträgt und Kraft gibt. Lebenskraft. Manchmal Über-lebens-Kraft.

Möglicher Schluß
Alles in allem: Was braucht man zum Leben? Jesus sagt: Mich braucht ihr! Aus dieser Antwort höre ich jetzt heraus, was meine Erfahrung bestätigt: Ich lebe nicht von mir selbst, sozusagen von der eigenen Hand in den eigenen Mund. Daran verhungere ich. Ich lebe letztlich auch nicht von meinen Leistungen und Erfolgen, so wichtig sie mir manchmal auch sind. Sie sind nicht die Erfüllung meines Lebens, und einmal werden sie mir ganz unwichtig sein. Ich lebe, tagtäglich merke ich das, von dem, was mir ohne mein Zutun zuwächst. Ich lebe von dem, was mir geschenkt wird, viel mehr als von dem, was ich tue. Daß ich lebe, das verdanke ich nicht mir. Ich lebe von der Sonne und ihren Strahlen. Was kann ich dafür, daß sie scheint? Ich lebe von der Liebe und den Worten, die andere Menschen mir schenken, mit denen sie mir Mut machen, mir vergeben, mich trösten, wenn ich's nötig habe. Womit habe ich das verdient? Ich lebe vom Brot, das Jesus heißt.
Das wollte ich Ihnen sagen: Davon leben wir Menschen. »Es gibt was Bessers in der Welt!« Die Sehnsucht, der Hunger kann gestillt werden, der Hunger nach Leben, nach wirklichem, besserem Leben. Es gibt Brot, von dem ich leben kann. Jetzt schon und ewig.
Aber: Brot will gegessen sein. Vom Anschauen wird man nicht satt. Seine Kalorien, seine Kraft entfaltet es erst, wenn es gegessen wird. Man muß es nehmen – oder man muß es liegenlassen und bereit sein zu verhungern. Mit dem Glauben ist es genauso. Von Gott »hat« man immer gerade so viel, wie man glaubt. Und von Gott versteht und erfährt man auch immer nur so viel, wie man glaubt (H. Zahrnt, a.a.O., 84, 93). Erst wenn man sich auf das Brot einläßt, das Jesus ist, erst wenn man es wirklich »ißt«, wird man die Erfahrung machen können, daß es nährt und Kraft gibt.
Jesus sagt: Wer glaubt, der *hat* das ewige Leben. Ich bin das Brot des Lebens. Das ist eine Einladung: Komm, mach Gebrauch von mir! Glaub doch!
Und wenn es Ihnen zu schwer fällt mit dem Glauben, auch mit dem Glauben, daß es für Sie »was Bessers gibt in dieser Welt«, dann bewahren Sie sich bitte wenigstens die Sehnsucht danach. Sie ist nächst dem Glauben das Wertvollste, das Sie zum Leben brauchen. Wenigstens das: Hunger nach Brot. Vielleicht kommen Sie dann eines Tages von der Sehnsucht zum Glauben. So wie Matthias Claudius es an seinen Freund Andres schreibt (sein »anderes Ich«): »Wer nicht an Christus glauben will, der muß

sehen, wie er ohne ihn raten kann. Ich und du können das nicht. Wir brauchen jemand, der uns hebe und halte, (der-)weil wir leben, und uns die Hand unter den Kopf lege, wenn wir sterben sollen; und das kann er überschwänglich, nach dem, was von ihm geschrieben steht, und wir wissen keinen, von dem wir's lieber hätten ... Es ist eine heilige Gestalt, die dem armen Pilger in der Nacht aufgehet, und sein innerstes Bedürfnis, sein geheimstes Ahnden und Wünschen erfüllt. Wir wollen an ihn glauben, Andres, und wenn auch niemand mehr an in glaubte.«
Ja, seit Jesus und mit ihm gibt es »was Bessers in der Welt«, von dem man leben kann.

Kontexte

Ein alternativer Predigtanfang oder -schluß
kann die Erzählung »Das halbe Brot« von Günther Schulze-Wegener sein (in: Signale im Jahreskreis, hg.v. S. Körschgen, 1970, 77ff.; im folgenden kurze Zusammenfassung): Als der Geh. Medizinalrat Prof. Breitenbach gestorben war, begannen seine Söhne, den Nachlaß zu ordnen. In einer gläsernen Vitrine, die der alte Arzt wie ein Heiligtum gehütet hatte, fanden sie neben anderen Kostbarkeiten und Erinnerungsstücken ein merkwürdiges Gebilde: einen grauen, verschrumpelten und knochenharten Klumpen – ein vertrocknetes Stück Brot. Ratlos befragten sie die alte Haushälterin. Die erzählte: In den Hungerjahren nach dem Weltkrieg hatte der Arzt einmal schwerkrank darniedergelegen. Zu der akuten Erkrankung war ein allgemeiner Erschöpfungszustand gekommen. Kräftige Kost war nötig – aber rar. Da schickte ein Bekannter ein halbes Brot, gutes vollwertiges Schrotbrot, das er selbst von einem befreundeten Ausländer erhalten hatte. Zu der Zeit lag gerade im Nachbarhaus die kleine Tochter des Lehrers krank. Der Medizinalrat schickte darum das Brot, ohne selbst davon zu essen, den Lehrersleuten hinüber. Aber auch diese wollten das Brot nicht behalten, die alte Witwe oben unter dem Dach im Notquartier brauchte es bestimmt notwendiger. Die gab es an ihre Tochter mit den beiden Kindern in der kümmerlichen Kellerwohnung weiter; die erinnerte sich an den kranken Medizinalrat, der kürzlich einen ihrer Buben behandelt hatte, ohne dafür etwas zu verlangen. »Wir haben es sogleich wiedererkannt«, schloß die Haushälterin, »an der Marke, die auf dem Boden des Brotes klebte und ein buntes Bildchen zeigte. Als der Medizinalrat sein eigenes Brot wieder in den Händen hielt, da war er maßlos erschüttert und hat gesagt: ›Solange noch die Liebe unter uns ist, die ihr letztes Stück Brot teilt, solange habe ich keine Furcht um uns alle ... Dieses Brot hat viele Menschen satt gemacht, ohne daß ein einziger davon gegessen hätte. Es ist wie ein heiliges Brot, das zum sichtbaren Willen Gottes wurde und zum Beweis dafür, daß sein Wort auf guten Boden gefallen ist!«

Wovon lebt der Mensch? In seinem Roman »Krebsstation« erzählt Alexander Solschenizyn, wie im Krankensaal einer der Männer gerade Tolstois Erzählung »Wovon lebt der Mensch?« liest. Er wird von dieser Frage so gepackt, daß er sie laut

herausruft und die anderen reihum zur Antwort herausfordert. »Das ist eine Frage,« ruft er, »wer antwortet? ... Wovon leben die Menschen?«
Und dann antworten sie, der eine sicher und vergnügt: »Von der Versorgung. Mit Nahrungsmitteln und Sachen.« Der Pfleger: »Vom Arbeitslohn.« Ein dritter, langsam, um keinen Fehler zu machen: »Vor allem von der Luft. Dann vom Wasser. Dann vom Essen.« Ein vierter: »Von der Qualifikation.« Der fünfte verlegen: »Von der Heimat ... Daheim ist alles leichter.« Schließlich der Professor, der Vertreter des Systems: »Die Menschen leben von der Ideologie und den gesellschaftlichen Interessen.« – Jefrem, der die Frage aufgeworfen hatte, gab keine Antwort. »Er ärgert sich, daß dieser Schwächling (der Professor) sich mit so was aus der Affäre zog. Ideologie – halt doch das Maul!« Er schlug das Buch auf und starrte von neuem hinein. Er wollte für sich allein herausfinden, was die richige Antwort war. (A. Solschenizyn, Krebsstation I, rororo 1395–96, 1971, 97ff.)

Mögliche Predigtfortsetzung:
Wovon lebt der Mensch? Was brauche ich zum Leben? Ich möchte mich einmischen in das Gespräch auf der »Krebsstation«, ich versuche eine persönliche Antwort. Denn auch mich beschäftigt die Frage. Die Antwort wird mit meinem Glauben zusammenhängen ...

Im Rückblick zu bedenken:
»›Not ist gegenwärtig‹ (W.J. Hollenweger), private und politische, öffentliche und verborgene Not. Und nur wenn es gelingt, diese Not zur Sprache zu bringen und im Erleben der Gottesgegenwart aufzuheben, wird das heilige Essen als notwendig erfahren werden ... Auch das Abendmahl ist Realitäts- und Hoffnungssymbol in einer grausamen Welt.« (M. Josuttis, Das Abendmahl als heiliges Essen, in: Ders./ G.M. Martin, Hg., Das heilige Essen, 1980, 124)

Judica

Predigttext: Johannes 11,47–54
Martin Henninger

Theologisch-homiletische Skizze

»Judica – schaffe mir Recht, Gott!« Der Name des Sonntags wirft ein bezeichnendes Licht auf den geheimen Wunsch vieler, wenn nicht aller Menschen: Recht zu bekommen, Denken und Tun gerechtfertigt zu sehen, möglichst auch da, wo es nicht ganz recht war. Um die Diskrepanz zwischen Sein und Sollen auszugleichen, ist der Sündenbock nötig, auf dem alle Schuld abgeladen werden kann. Leben tötend, wo Menschen sich ihre Sündenböcke suchen: Juden, Türken, Asylanten, Menschen, die auf irgend eine Weise anders sind.

Tödlich auch, wo Gottes Sohn zum Sündenbock gemacht wird. Der aber übernimmt freiwillig diese Rolle, verzichtet auf sein Recht, damit die, die an ihn glauben, Recht bekommen können.

Ein Sündenbock entlastet; dies ist alltägliche soziale und politische Erfahrung. Doch während hier nur ein Verdrängungsmechanismus in Kraft tritt, verweist die biblische Tradition vom Sündenbock auf tatsächliche Entlastung: In der jährlich wiederholten Liturgie des großen Versöhnungstages (Lev. 16) wird die Schuld des Volkes gesühnt und vergeben. Durch Jesu Tod am Kreuz wird ein für allemal der Mensch, der dies Opfer für sich geschehen läßt, mit Gott versöhnt (Joh. 1,29). Dahinter steht die nicht näher begründete biblische Vorstellung: Schuld muß gesühnt werden, entweder durch eigene Wiedergutmachung oder durch Stellvertretung eines anderen.

Dieser Absicht Gottes, die seiner Liebe zu den Menschen und dem Wunsch nach Erneuerung des Bundes mit ihnen entspricht, korrespondiert auf der menschlich-innerweltlichen Ebene das politische Kalkül des Hohepriesters. Die Messianität Jesu (sie wird hier erstaunlicherweise nicht angezweifelt), seine Predigt, seine Wunder, der Beginn des Reiches Gottes stören das sorgsam ausbalancierte Machtgefüge in der römischen Provinz Judäa. Zur Erhaltung dieses Machtgefüges ist der Hohepriester bereit, Jesus zu opfern. Grundsatz: Besser einer für alle als alle für einen.

Schlüssel zur Predigt ist für mich Vers 50. Als unbewußte, aber dennoch treffende Weissagung hat der Hohepriester genau das Ziel der Sendung Jesu formuliert. Jesus muß für das Volk sterben. Jedoch nicht im vordergründigen Sinn einer politischen Abwägung und Entscheidung, wie der Hohepriester es versteht, sondern im tiefen Sinn des Planes Gottes, als Sühne für Schuld nicht nur des Volkes Israel, sondern aller Völker, denen hierdurch eine Beziehung zu Gott ermöglicht wird.

Unbewußt wird der Hohe Rat, wird Kaiphas zum Werkzeug Gottes. Treiben Menschen so die Geschichte Gottes voran?
Der Verschränkung zweier Handlungsebenen, der politisch-weltlichen und der auf Rettung und Erlösung vom Bösen bedachten göttlichen, möchte ich in der Predigt nachdenken. Ein doppeltes ist dabei zu beachten:
a) Gott kann auch aus Bösem Gutes entstehen lassen. – Ja! Aber das rechtfertigt niemals die Behauptung: Der Zweck heiligt die Mittel. Die Vorgänge um Jesu Kreuzigung dürfen aus menschlicher Sicht niemals umgedeutet werden, als sei daran etwas lobenswert Positives. Wer diesen Mord bemäntelt, läuft Gefahr, auch in anderen Fällen Menschen zu opfern um eines übergeordneten Zweckes willen: der Staatsraison (Problem Geiselnahme), des Wirtschaftswachstums (wir müssen konkurrenzfähig bleiben, also rationalisieren), des Wohls der Menschheit (woher nehmen Genforscher das Material für ihre Versuche?).
b) Der Hohe Rat beschließt Jesu Tod. »Gottesmörder« nannte man daher die Juden, verfolgte, ermordete sie über Jahrhunderte hin. Da haben Christen nicht begriffen, daß Jesu Tod von Gott her nötig war, für sie nötig war.

Vorschläge zur Liturgie

Zum Eingang

»Herr, schaffe mit Recht!« Im lateinischen Text des 43. Psalms heißt das: »Judica», und das ist der Name des heutigen vorletzten Sonntags der Passionszeit: »Judica – schaffe mir Recht, Gott, und führe meine Sache wider das unheilige Volk und errette mich von den falschen und bösen Leuten!«

Sündenbekenntnis

Herr, wie meinen genau zu wissen, was recht ist. Und wo es um uns geht, wissen wir es besonders genau. Wenn es nötig ist, schaffen wir uns unser Recht selbst. Zu wenig fragen wir nach deinen Maßstäben. Zu selten sehen wir auf dich, der du auf dem Weg zum Kreuz auf dein gutes Recht verzichtet hast, um unseret und unsers Rechthabenwollens willen.

Gnadenzusage

Was betrübst du dich, meine Seele, und bist so unruhig in mir? Harre auf Gott, denn ich werde ihm noch danken, daß er meines Angesichts Hilfe und mein Gott ist.

Kollektengebet

Herr, darauf wollen wir vertrauen: Wer auf dich hofft, wird Grund haben, dir zu danken. Wer um deinetwillen auf sein gutes Recht verzichtet, wird erfahren, daß deine Liebe trägt. Wir denken an dein Leiden und Sterben: Der Weg, den du gegangen bist und den du uns führst, ist kein sinnloser, sondern ein gangbarer und verheißungsvoller Weg. Amen.

Schlußgebet

Herr, unfaßbar ist das Geheimnis: Du hast deinen Sohn in die Welt gesandt, Menschen, auf der Suche nach einem Sündenbock, töteten ihn – und du wolltest seinen Tod, damit ihre und unsere Schuld vergeben werden kann.

Weil dein Sohn am Kreuz unsere Schuld auf sich genommen hat und du uns in ihm Vergebung zugesagt hast, bitten wir dich: Laß uns erkennen, daß kein Zweck die Mittel heiligt, sondern konsequent nach deinem Willen leben. Laß uns nicht auf unseren mühsam erworbenen Machtpositionen beharren, sondern immer wieder nach der Verwirklichung deiner Liebe suchen. Lehre uns: Wer dir nachfolgt, findet einen gangbaren und verheißungsvollen Weg. Mach unser Leben glaubwürdig, damit die Mächtigen und die Schwachen, die Fröhlichen und die Traurigen, die Mutigen und die Verzweifelten, Politiker und ihre Wähler, Reiche und Arme, Wirtschaftsbosse und Fließbandarbeiter, Gesunde und Kranke, Presbyter und Konfirmanden, Junge und Alte den Mut finden, nach deiner Wahrheit zu suchen und in den Anfängen deines Reiches sie finden. Amen.

Lieder

EKG 14,4+5; 54; 384 – Das könnte den Herren der Welt ja so passen ... (K. Marti, Kirchentag '85) – Herr, lasse uns in dieser Zeit (Anhang '77 für Baden und Pfalz).

Lesung

1. Joh. 2,1–6 oder Jes. 53.

Zur Predigt

Einleitung

»Ich glaube, daß Gott aus allem, auch aus dem Bösesten, Gutes entstehen lassen kann und will. Dafür braucht er Menschen, die sich alle Dinge zum Besten dienen lassen. Ich glaube, daß Gott uns in jeder Notlage so viel Widerstandskraft geben will, wie wir brauchen. Aber er gibt sie nicht im voraus, damit wir uns nicht auf uns selbst, sondern allein auf ihn verlassen. In solchem Glauben müßte alle Angst vor der Zukunft überwunden sein. Ich glaube, daß auch unsere Fehler und Irrtümer nicht vergeblich sind und daß es Gott nicht schwerer ist, mit ihnen fertig zu werden, als mit unseren vermeintlichen Guttaten. Ich glaube, daß Gott kein zeitloses Fatum ist, sondern daß er auf aufrichtige Gebete und verantwortliche Taten wartet und antwortet.«

»Einige Glaubenssätze über das Walten Gottes in der Geschichte« hat Dietrich Bonhoeffer diesen Abschnitt überschrieben. Als Christ und Pfarrer engagierte er sich im politischen Widerstand gegen Hitler. Um sein Handeln zu verantworten, hat er sorgfältig über das Ineinander von Gottes- und Menschentun nachgedacht.
Zwei Ebenen, die Ebene Gottes und des Glaubens einerseits und eine politisch-menschliche Ebene andererseits, sind unauflösbar ineinander verwoben. Gott geht seinen Weg, indem er auch das tödliche politische Kalkül eines Hohepriesters benutzt, um sein Ziel zu erreichen. Der Evangelist Johannes kann im nachhinein, als Zeuge von Jesu Tod und Auferstehung, den Beschluß des Hohepriesters so deuten. Die Gegenfrage muß gestellt werden: Bedeutet die Einsicht, daß auch menschliche Fehler und Irrtümer vor Gott nicht vergeblich sind, einen Freibrief für alle, denen politische Ideologie, wirtschaftlicher oder persönlicher Vorteil, die Funktionsfähigkeit eines Staates wichtiger sind als ein Menschenleben? Was kann es heißen, verantwortlich vor Gott zu leben?

Zum weiteren Verlauf
Im folgenden werden die beiden einander durchdringenden Ebenen einzeln beleuchtet;
1. Die politisch-menschliche Ebene, auf deren Basis Kaiphas und der Hohe Rat ihren Beschluß fassen: Macht und Staatsraison.
a) Als verantwortliche Politiker haben sie auf das Wohl des Volkes zu achten, auf die Einhaltung des Friedens, auf wirtschaftliches Wohlergehen, auf Bewahrung letzter Reste nationaler jüdischer Eigenständigkeit gegenüber der römischen Besatzungsmacht. Sie dürfen kein Risisko eingehen, das den Bestand Israels in Frage stellt. Es war bekannt: Statthalter Pilatus würde vor nichts zurückschrecken, sobald er nur einen leisen Hinweis auf einen messianischen Umsturz erhält (Lk. 13,1). Es ist also ein Gebot politischer Vernunft, jeden Anlaß zu beseitigen, der den Römern ein militärisches Eingreifen nahelegen könnte.
b) Ist Jesus ein politisches Risiko? Jesus tut viele Zeichen (Vers 47); dies wird fraglos anerkannt und ist zugleich ein Hinweis: Jesus könnte der Messias sein. Vom AT her konnte ein politischer Messias erwartet werden, der das Reich Davids erneuert. Aber selbst wenn Jesu Reich »nicht von dieser Welt« sein sollte – wer konnte wissen, ob die Römer zwischen politischen und religiösen Ansprüchen zu unterscheiden wußten? Das Reich Gottes ist ja nun wirklich keine reine Jenseitshoffnung. Eines macht Jesus gefährlich: Die Zahl seiner Anhänger wächst zur Volksbewegung.
Fazit: Der Rat des Kaiphas wächst nicht aus einer persönlichen Antipathie, sondern rationalem politischen Kalkül: Recht ist, was dem Volk und damit glücklicherweise auch der führenden Partei nützt.

Zwischenbemerkung

Als »Gottesmörder« haben Christen die Juden jahrhundertelang beschimpft. Man glaubte, darum mit den Juden genauso umgehen zu dürfen, wie die Juden damals mit Jesus umgegangen sind; das sei recht. Wer über den Todesbeschluß des Hohen Rates redet, darf die Todesbeschlüsse der Christen (darf man sie Christen nennen?) nicht verschweigen. Die Pogrome gegen die Juden sind Teil eines furchtbaren Mißverständnisses. Wer die Juden »Gottesmörder« schimpft, hat nicht begriffen, daß Jesu Tod Gottes ureigener Wille war, hat nicht erkannt, daß Jesu Tod geschehen *mußte,* ob mit oder ohne Beteiligung der Juden.

2. Die Ebene Gottes und des Glaubens: Heiligkeit und Vergebung.

a) In der Urgeschichte wird dargestellt: Von Anfang an wird der Mensch schuldig gegenüber Gott (Gen. 3) und gegenüber seinen Mitmenschen (Gen. 4). Die Geschichte des Gottesvolkes zeigt: Der Bund zwischen Gott und seinem Volk wird immer wieder einseitig in Frage gestellt. Luthers Auslegung des 1. Gebots »Wir sollen Gott über alle Dinge fürchten, lieben und verehren ...« macht deutlich, daß nicht nur Kaiphas, sondern die Christen bis heute Gott nicht entsprechen. Fazit: Schuld trennt die Menschen von Gott; sie bedürfen der Erlösung.

b) Da sich der Mensch aus eigener Kraft nicht erlösen kann, sondern im Gegenteil tötet, was ihn retten könnte, ergreift Gott die Initative. Er überbrückt den garstigen Graben der Schuld zwischen Mensch und Gott (Joh. 3,17). Gottes Heiligkeit läßt es aber nicht zu, Schuld einfach zu übersehen. Am Versöhnungstag lädt der Hohepriester die Schuld des Volkes dem »Sündenbock« auf und schickt ihn stellvertretend zum Tod in die Wüste – ein Abbild dessen, was mit Jesus selber geschieht. Kaiphas wählt den Sündenbock, den Gott ihm schickt. Freilich: Während Kaiphas einen anderen opfern will, um seine Macht zu erhalten, opfert Gott sich selbst in seinem Sohn und hilft damit all jenen zum Leben, die dieses Leben verloren und verwirkt haben. Seine »Existenzvertretung« (P. Stuhlmacher) gilt nicht nur Israel, sondern den Völkern. Im Glauben an den stellvertretenden Tod Christi kann jeder die zerstörte Gottesgemeinschaft zurückgewinnen.

Möglicher Schluß

Muß man dem Hohen Rat nicht dankbar sein für seinen Todesbeschluß, weil er es Gott ermöglicht hat, seinen Sohn für uns zu opfern? Dürfen wir, die Hände in den Schoß legend, sagen: Gott wird aus allem, selbst aus Bösem, selbst aus einem Mord, schon etwas Gutes machen, siehe Kaiphas und Jesus? Niemals darf der Mord an Jesus entschuldigt werden, sonst ist es nicht mehr weit, bis um eines angeblich höheren Zweckes willen Opfer von Menschen in Kauf genommen werden. Glaube, Gebet

und der Einsatz des eigenen und nicht des fremden Lebens sind unabdingbare Voraussetzungen für verantwortliches Handeln. In seinem Widerstand gegen Hitler war sich D. Bonhoeffer bewußt: Dem Schuldigwerden kann ich nicht entkommen: Im Stillhalten werde ich schuldig am entsetzlichen Tod weiterer Hunderttausende. Aber auch der Mord an einem Diktator ist gegen Gottes Gebot. Keinesfalls heiligt der Zweck die Mittel. Die Entscheidung fällt im Angesicht der Wahrheit; die Wahrheit aber heißt: Schuld, wo nicht Liebe ist.
Der Hohepriester verdrängt die Frage nach der sein Leben verändernden Wahrheit mit der Frage nach dem Nutzen für sein Volk. Im Konflikt zwischen der Erhaltung seiner und des Kaisers Machtposition in Israel und dem angemessenen Freispruch für Jesus entscheidet sich Pilatus für das erste. Hätten sie anders entschieden, hätten sie ihr Lebenswerk auf Spiel gesetzt.
Im Konflikt zwischen der Behauptung einer Position im Kampf aller gegen alle und der Liebe als Gottes umfassendem Gebot sind Menschen schnell dabei, sich zur Erhaltung ihrer Position auf die Seite der Macht zu schlagen und dies mit äußeren Zwängen zu rechtfertigen. Gottes Liebe aber liefert sich selber der Macht aus, um das Böse der Macht zu entmächtigen. Er erleidet, was wir selber an uns nicht wahrhaben wollen; er verzichtet darauf, seine Selbstachtung und Anerkennung durch eigene Leistung und somit gegen den anderen zu begründen. Soll man den nicht hassen, der den ganzen bisherigen Lebensentwurf in Frage stellt und so die mühsam aufrecht erhaltene Fassade unserer Lebenseinstellung und unseres Rechts ins Wanken bringt? Gottes Sohn steht es durch, und seine Auferstehung zeigt, daß dieser Weg ein gangbarer und verheißungsvoller Weg ist. Im Angesicht der Liebe verzichtet einer auf sein Recht; daraus kann Gott Gutes entstehen lassen.

Kontext

Recht oder Liebe. Im Mittelalter gab es in der wilden Gebirgswelt des Kaukasus eine Reihe kriegerischer Stämme, die häufig miteinander in Fehde lagen. Einer dieser Stämme war besonders erfolgreich, denn alle seine Angehörigen bildeten eine feste Einheit. Wenn man die Leute fragte: Was schmiedet euch so zusammen?, dann nannten sie den Namen ihres Feldherrn, den sie über alles schätzten.
»Schemil der Gerechte«, so nannten sie ihn. Jedes Wort, das er sagt, dazu steht er. Während eines Feldzugs gönnte er seinen Soldaten ein paar Tage Ruhe. Da geschah etwas Unerhörtes, noch nie Dagewesenes: An einem Morgen fehlte dem einen ein kostbarer Ring, den er erbeutet hatte, dem anderen ein Becher, dem dritten eine wertvolle Kette. Kameradendiebstahl. Es war, als zöge ein giftiger

Nebel durch das Lager. Jeder begann, den anderen mißtrauisch zu beäugen, und jeder hatte den Eindruck, selbst wachsam beobachtet zu werden.
Der Feldherr läßt ausrufen: Wer beim Diebstahl ertappt wird, wird mit der Bastonade bestraft – jener brutalen Prügelstrafe der alten Welt, die viele gar nicht oder nur als Krüppel überlebten. Dies scheint zu wirken. Für einige Tage kehrt Ruhe ein. Doch die Gewitterstimmung bleibt, das Lachen ist verstummt, man singt nicht mehr. Man belauert sich aus den Augenwinkeln.
Nach ein paar Tagen wieder ein Diebstahl. Kein Wunder, daß alle befreit aufatmen, als schließlich ein Bote von Zelt zu Zelt läuft und schreit: Der Täter ist gefaßt! Wer ist es denn? – Die Mutter des Feldherrn.
Die Mutter des Feldherrn? Die Erleichterung weicht dem Schrecken. Jeder weiß, wie sehr Schemil seine Mutter liebt. Was wird jetzt geschehen? In dieser Nacht gibt es in den Zelten aufgeregte Diskussionen. Die einen sagen: Gnade vor Recht – anders kann es gar nicht sein. Wir wissen doch, wie sehr Schemil an seiner Mutter hängt. Hier muß die Liebe regieren.
Die anderen sagen: Das ist unmöglich. Recht muß Recht bleiben. Heißt er etwa umsonst »Schemil der Gerechte«? Wohin würde das führen? Wenn er einmal sein Wort bricht, wird es je wieder etwas gelten? Wird man nicht sagen, er habe seine Günstlinge? Heute ist es die Mutter, morgen ein anderer. Alle Autorität wäre zerbrochen, das Miteinander zerstört, und wir wären am Ende.
Liebe oder Recht ?
Am nächsten Morgen ertönt der Trompetenstoß, der die Truppe auf dem Platz versammelt. Schemil der Gerechte, ein wenig blasser als sonst, tritt aus seinem Zelt. Aus dem anderen Zelt führt man gefesselt die Mutter. Dann spricht Schemil der Gerechte sehr ruhig: Der Täter ist gefunden, die Strafe wird vollzogen.
Schon greifen die Büttel nach der Frau, da fährt er fort: Aber vollzogen wird sie an mir.
Erstarrt müssen die Leute mitansehen, wie der Mann, den sie alle lieben, sich brutal zusammenschlagen läßt und blutend weggetragen wird. Dabei erfaßt sie das große Erstaunen darüber, daß hier beides geschieht, daß das Recht zum Zuge kommt – das Wort wird nicht gebrochen, die Tat wird geahndet! – und daß auf der anderen Seite die Liebe zum Zuge kommt: Der Richter zieht die Schuld auf sich und wird zum Gerichteten.
(Aus: S. Kettling, Abam, wer bist du? S. 80 ff. ABC-team)

Palmarum

Predigttext: Johannes 17,1(2–3),5–8
Wolfgang Voigt

Theologisch-homiletische Skizze

Die Abschiedsreden Jesu (Joh. 13–16) sind sozusagen das seelsorgerliche Testament Jesu. Dabei bildet das Hohepriesterliche Gebet (Joh. 17) den Höhepunkt, bevor die Passionsgeschichte einsetzt.

Der kurze Predigtabschnitt zeigt schon im wesentlichen die durchreflektierte Gestalt des Gebets.

Die Sprache wirkt schwer und gefüllt. Jesus zieht die Bilanz seines Wirkens, ohne die Seinen zu vergessen. Der Vorgang und die Bitte um Verherrlichung ist vieldeutig.

Einerseits impliziert er die majestätische Würde, die Jesus bei Gott, dem Vater, haben soll, andererseits schließt er den Weg der Niedrigkeit durch Leiden und Tod mit ein.

Jesu Bitte ist nie der Versuch, Gott gleich zu sein (vgl. Epistel des Sonntags: Phil. 2,5ff.), sondern in allen Dingen, im Himmel wie auf Erden, erfüllt er den Willen des Vaters. In der Annahme des Kreuzweges ist das »Herrlichsein« Jesu noch verborgen, erst der Glaube erkennt, daß auch hier Gott wirkt.

Der Verherrlichte ist ohne den Leidenden nicht zu denken.

Jesus hält Fürbitte für seine Jünger, daß sie diesen Glauben gewinnen, die Trennung bewältigen, sein Werk bewahren und fortführen.

Am Sonntag Palmarum könnte ich mir für die Gottesdienstgemeinde folgende Themen vorstellen: Wie trägt uns eigentlich das Wort, die Fürbitte Jesu in Situationen der Trennung und des Abschieds?

Wie bringen wir unser Gelingen und unser Scheitern zusammen? Oder: lassen wir uns alle Dinge, Herrliches wie Leidvolles, zum Besten dienen?

Welcher Jesus steht uns näher, der Herrliche oder der Leidende?

Erweitert die Fürbitte Jesu eigentlich unseren »Gebetshorizont«?

Vorschläge zur Liturgie

Kollektengebet

Himmlischer Vater, du hast deinen Sohn zu uns gesandt.
Er ist für uns den Weg durch Leiden und Tod zur Herrlichkeit gegangen.
Wie den Jüngern damals gilt auch uns heute: dein tröstendes Wort und dein guter Geist ermutige, stärke und bewahre uns. Amen.

Liedvorschläge
102,2.3; 241,1–2.4.6.8.9; 242,1.11.

Zur Predigt
Möglicher Anfang
Fast täglich kann uns dieses Bild begegnen: Menschen nehmen Abschied. Auf den Flugplätzen, Bahnhöfen, Straßen oder auch Plätzen, an Grenzen dieser Welt und schließlich an den Gräbern wird Abschied genommen. Oft erschütternd, vielfach auch weniger dramatisch. Tränen fließen und Umarmungen wollen nicht enden. Doch am Ende steht die bange Frage: Was bleibt?
Wo Menschen sich verabschieden, da bewahrheitet sich wohl auch dieses französische Sprichwort: Jeder Abschied ist ein bißchen Sterben (Partir c'est mourir un peu).
Die Psychologen sprechen weniger prosaisch vom Trennungsschmerz. In jedem Abschied läge etwas Endgültiges, läge Wehmut und Trauer. In jedem Abschied wird der letzte Abschied ein Stück weit vorweggenommen.
Auch die Jünger Jesu müssen das erleben. Was bleibt? werden sie gefragt haben. Wohin sollen wir gehen? Was wird aus uns?
Jesus bereitet sie auf diese harte Erfahrung vor.
Denn bald werden die Hosiannarufe von dem Verdammungsurteil übertönt werden: Kreuzige ihn!
Es ist sehr trostreich, wie Jesus Raum schafft und seinen Jüngern Worte schenkt, die das Gewirr der Gefühle klären können.
Jener Abschied ist schwer, und Jesus hat das Besondere seines Abschieds erkannt. Es fällt schwer zu verstehen, wie Jesu Wort von der Herrlichkeit mit seinem bitteren Leiden zusammenzubringen ist. Hier die Herrlichkeit, dort die Passion.
Damals wie heute Ratlosigkeit oder doch Verstehenkönnen?
Ich meine, durch die Fürbitte Jesu, wie sie im Hohenpriesterlichen Gebet ausgedrückt wird, erhalten wir die Tiefensicht des Glaubens, sozusagen die Auf-klärung, daß Gott diesen Weg mit seinem Sohn geht und gehen will.

Zum weiteren Verlauf
Es wäre im folgenden zu beschreiben,
daß die zukünftige Gemeinde aus Jesu Wort und Sendung ihre Hoffnung schöpfen kann und
die Erfahrung gewinnt, daß Gott auch bei ihr steht in ihrem Leiden,

daß Jesus seine Gemeinde gegründet hat und in ihr fortwirkt, in den Zeichen, die von ihm vorgegeben wurden: Sammlung, Sendung, Erwählung, Fürbitte und Seelsorge,
daß besonders Jesu Fürbitte die Menschen trägt, bewahrt und Gottes Nähe vermittelt.

Möglicher Schluß
An den Schluß meines Entwurfs möchte ich eine Geschichte stellen (Auszug aus: Werner Bergengruen, Die Kunst sich zu vereinigen, Erzählung, Im Verlag der Arche, 1956).
Sie beschreibt »die Kunst sich zu vereinigen«. Ich finde sie bedenkenswert unter dem Aspekt der Aussage Jesu: »Ich und der Vater sind eins« bzw. seiner Haltung, sich ganz vom Willen des Vaters abhängig zu machen.
»Während er sich nun in tiefer Verzagtheit und Verlassenheit befand, so daß er nicht einmal die Kraft zu haben meinte, Gott um seine Errettung anzurufen, starrte er hinaus und sah in einem nahe gelegenen Pfarrgarten einen jungen Priester sein Brevier beten. Bei diesem Anblick durchfuhr ihn plötzlich der Gedanke des Trostes. ›Ich weiß nicht, was für ein Gebet er spricht, sagte er sich. Aber hindert mich denn das, in sein Gebet einzustimmen? Ich brauche nur mein Herz gänzlich mit seinem Herzen und mit meiner Zunge zu vereinigen, und Gott wird alles, was er spricht, als von mir gesprochen annehmen.‹
Er gab sich nun alle Mühe, sich mit diesem unbekannten Priester zu vereinigen, ja er warf ihm sein ganzes Herz zu.
Durch diese Vereinigung empfand er einen Aufschwung der Seele und empfand eine innere Seligkeit, die er nicht zu beschreiben vermochte.
Er sagte weiter: wir müssen dahin kommen, daß wir uns ohne unser Zutun und Wissen mit allem Vereinigungswürdigen vereinigen. Ich denke, daß wir auch gut tun, uns mit allem zu vereinigen, das uns widerfährt oder widerfahren will, also mit Trennungen und Verlusten und Krankheiten, mit den Besonderheiten des Alters, unter denen ja viele lästige sind, und zuletzt auch mit dem Tod.«

Kontext
Von Ewigkeit geliebt

Ein Mensch, der betet, hat einen Bezugspunkt. Dieser unsichtbare und verborgene Pol zieht ihn vorwärts. Oft wird es nur ein Vorantappen sein, aber das Ziel, auf das er blickt, erfüllt ihn und treibt ihn weiter.

Nach und nach entdeckt er, daß er dafür geschaffen ist, von einem andern als von sich selbst bewohnt zu sein. Wenn er auf das hört, was im Innersten seines Herzens vor sich geht, wird er seiner Einmaligkeit gewahr. In seinem armseligen Gebet bis in die Tiefen seiner Wurzeln angerührt, wird er ein anderer für die anderen.

Das Gebet ist Kampf und Hingabe zugleich. Es ist auch Warten – Warten darauf, daß sich ein Durchgang zeigt, Warten darauf, daß die Mauer der inneren Widerstände zusammenfällt. Ganz wie wir hat auch Christus in seinem irdischen Leben diese Geduld in brennendem Verlangen gekannt.

Das Gebet hat auch etwas Erschreckendes. Es schleudert uns aus uns selbst heraus und anderswo hinein. Auch wenn man Christus im Nächsten erkennt und er immer in unserm Innern lebt – er ist doch gleichzeitig außerhalb, unser Gegenüber.

Das Gebet ist immer armselig, denn es wird von uns, unnütze Knechte bis zum Schluß, gelebt. Immer wird es den Menschen überschreiten. Worte sind unfähig, es zu beschreiben.

Im Gebet gibt es etwas wie ein Darüberhinaus von allem, was wir sind, ein Darüberhinaus von unseren eigenen Worten.

(Frère Roger. In: Der Weg der Versöhnung. Texte zur Orientierung. GTB Siebenstern, 475)

Mitarbeiter

Pfarrer Claus Altrock, Hofgeismar. Pfarrer Willy Beppler, Eltville. Pfarrer Hans-Hermann Blettgen, Essen. Superintendent Theodor Bohlen, Hannover. Pfarrerin Berthild Boueke-von Waldthausen, Bielefeld. Vikarin Elisabeth Focke, Nürnberg. Pfarrer Dr. Wolfgang Gerlach, Essen. Pfarrer Günter Gottschämmer, Darmstadt. Pfarrer Martin Henninger, Erlenbach. Pfarrer Dr. Wolfgang Herrmann, Holzappel. Dekan i.R. Peter Kreyssig, Stuttgart. Pfarrer Wilfried Lenzen, Northeim. Pfarrerin Sigrid Lunde, Bad Kreuznach. Pfarrer Dr. Ernst Öffner, Bad Kissingen. Pfarrer Volker Raettig, Kevelaer. Pfarrer Hans Reinhard Rapp, Laatzen. Pfarrerin Ulrike Schilling, Wehretal. Pfarrer Dr. Günter Scholz, Neu Wulmstorf. Pfarrerin Gabriele Suck, Heidelberg. Pfarrerin Dr. Beate Stierle, Northeim. Pfarrer Wolfgang Voigt, Hamburg. Präses Hartmut Wenzel, Nürnberg.